Curso de español

Nivel 1

¡Es tu ritmo!

Libro del alumno

Curso de español

Nivel 1

¡Es tu ritmo!

Libro del alumno

Realización	Editorial Espasa Calpe, S. A.
Dirección editorial	Marisol Palés
Coordinación editorial	Alegría Gallardo
Edición	Ana Prado
Desarrollo del proyecto	Mizar Multimedia, S. L.
Dirección académica	José Manuel Pérez Tornero
Adjunta dirección	Claudia Guzmán
Dirección de planificación y desarrollo	Roberto Manuel Igarza
Dirección de contenidos	José María Perceval
Dirección de comunicación	Mireia Pi
Asesoría lingüística pedagógica	Agustín Iruela Rebeca Kaplan Jazmín Bustamante
Edición lingüística	Ana Irene García Agustín Iruela
Equipo lingüístico	Núria Soriano Cos (coordinación)
Edición de contenidos	Diego Blasco Cruces Santiago Tejedor
Maquetación	Meritxell Carceller Barral Joan Hurtado Mompeo Maite Moreno García
Producción fotográfica	Marta Cárcel Meritxell Manyoses
Fotografías de intérpretes	Agencia EFE, S. A.
Ilustraciones	Xavier Castillo Valentín Ramón Menéndez
Diseño interior y de cubierta	Tasmanias, S. A.

Impreso en España / Printed in Spain
Impresión: Fernández Ciudad, S. L.

EDITORIAL ESPASA CALPE, S. A.
Complejo Ática, Edificio 4
Vía de las Dos Castillas, n.º 33
28224 Pozuelo de Alarcón
Madrid

© De esta edición: Espasa Calpe, S. A., 2003
Depósito legal: M-7300-2003
ISBN: 84-670-9059-6

Índice

Presentación

Es tu ritmo te acerca, de una manera amena y divertida, al mundo del español. Para ello, pone a tu alcance textos sobre los temas que más te interesan, letras de canciones de cantantes hispanos, ejercicios de audio en CD, información sobre el español de Hispanoamérica, actividades y muchas cosas más...

El curso de *Es tu ritmo* tiene 4 niveles. A lo largo de este libro descubrirás las aventuras de un grupo de amigos de entre 13 y 16 años, que deciden hacer un viaje a través de varios países de Hispanoamérica. Conseguir el dinero necesario para realizar esta aventura es complicado. Los protagonistas deciden grabar un disco.

Junto a los personajes de la historia, vivirás diferentes situaciones que ayudarán a desenvolverte en español y conocer muchos aspectos de la cultura hispana (Colombia, México o Argentina). Te invitamos a participar en esta aventura con la que aprenderás español de una manera eficaz y divertida. Estos son nuestros amigos:

Los personajes del curso

Alejandro
Tiene 16 años y es de España.
Es el hermano de Isabel.
Es el cantante del grupo.

Francisco
Tiene 14 años y es español.
Toca la armónica.

Teresa
Tiene 14 años y es española. Su madre es de Santo Domingo. Toca el violín.

Raquel
Tiene 14 años y es argentina. Con ella, descubrirás cómo se habla en Argentina. Toca la guitarra.

Isabel
Tiene 13 años y es española. Toca el piano y el teclado eléctrico.

Manuel
Tiene 13 años y es mexicano. Con él sabrás cómo es el español de México. Toca la batería.

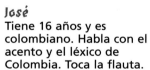

José
Tiene 16 años y es colombiano. Habla con el acento y el léxico de Colombia. Toca la flauta.

Es tu ritmo 1: LIBRO DEL ALUMNO

El *Libro del alumno* del nivel 1 de *Es tu ritmo* te sirve como guía en tu aprendizaje del español. Para ello, pone a tu alcance todo el material necesario para que puedas comprender y expresar lo esencial en español. Podrás comunicarte con los demás, expresar tus opiniones y desenvolverte en un ámbito hispanohablante.

La historia: El grupo se conoce

Alejandro, Manuel, Francisco, Teresa e Isabel son un grupo de amigos que viven en la misma ciudad. Dos nuevos estudiantes llegan a su instituto: José, que es de Colombia, y Raquel, que es de Argentina. Poco a poco, estos 7 jóvenes se conocen: se presentan, hablan de sus familias, comentan la vida en el instituto, describen sus vacaciones... Se hacen amigos. Juntos viven numerosas aventuras. ¡Descúbrelo!

Estructura del libro

El *Libro del alumno* contiene: 6 lecciones, 3 revistas (1 cada dos lecciones), Gramática práctica, Vocabulario práctico, Transcripciones de los audios y Soluciones.

Lecciones

Las lecciones trabajan objetivos concretos que te permiten avanzar en el aprendizaje del español. Cada lección tiene 7 secciones.

Portada

Te presentamos los contenidos de la lección.

Presenta el tema de la lección.

Índice de los contenidos de la lección.

Fotografía de los personajes de la historia.

Texto de introducción.

En ruta

Aprende nuevas expresiones, estructuras y palabras a través de un cómic y un audio de los personajes de la historia.

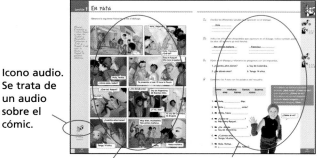

Icono audio. Se trata de un audio sobre el cómic.

Cómic de los personajes que introduce el tema de la lección.

Actividades relacionadas con el cómic.

Exploraciones

Descubre interesantes datos sobre la cultura y el mundo hispano.

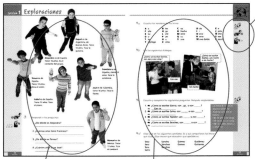

Remisiones: a la sección *Tu brújula* del *Libro del alumno* y al *Cuaderno de recursos y ejercicios* (Ver pág. 9).

Texto sobre temas del mundo hispano.

Actividades relacionadas con el texto.

Canciones para un viaje

Aprende español de una manera divertida con las letras de canciones de artistas hispanos.

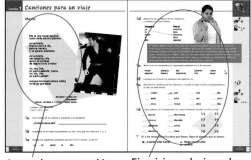

Letra de una canción.

Ejercicios relacionados con la canción.

Tu pasaporte

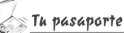

Te ofrecemos varios tipos de actividades para que practiques lo que has aprendido.

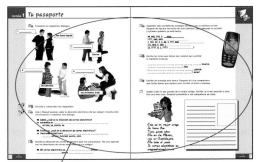

Ejercicios sobre los contenidos de la lección.

Tu brújula

Resuelve tus dudas y revisa la gramática y las funciones comunicativas tratadas en la lección.

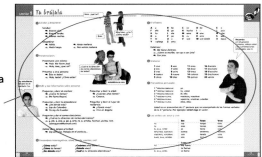

Explicación de la gramática y las estructuras comunicativas.

Presentación

Aduana

Te presentamos un cuestionario que te permitirá comprobar si has aprendido los contenidos de la lección.

Cuestionario sobre todos los contenidos de la lección.

Tu revista

Repasa los contenidos de las lecciones anteriores mediante reportajes y textos informativos.

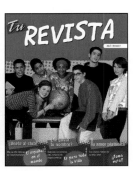

- **Portada** que introduce los temas de la revista.

- **Textos** sobre temas que te interesan.

- **Ejercicios** sobre los contenidos de la revista.

Gramática práctica

Tu gramática

Consulta los contenidos gramaticales más importantes del curso.

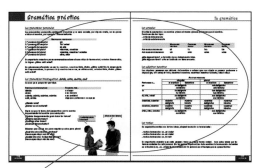

La gramática del español con ejemplos y esquemas.

Dudas y errores frecuentes

Revisa los aspectos del español que pueden plantear más dudas y errores gramaticales.

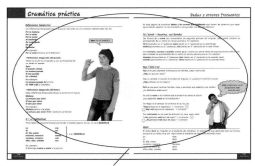

Resuelve tus dudas y evita los errores.

Léxico práctico

Aprende nuevas palabras y expresiones de forma amena y divertida.

En imágenes

Dibujos con nombres de objetos de la vida cotidiana.

Redes léxicas

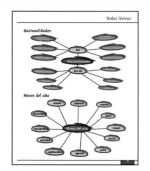

Conjuntos de palabras agrupadas por temas.

¿Qué significa...?

Listado con las palabras más importantes del curso.

En Hispanoamérica se dice...

Al lado de cada palabra utilizada en España, verás cómo se dice esa misma palabra en Hispanoamerica.

Palabras iguales y palabras opuestas

Listado de palabras iguales (sinónimos) y palabras opuestas (antónimos).

¿Dónde puedo ampliar la información?

Al lado de algunos ejercicios te encontrarás estos dibujos:

 Te envía a la sección *Tu brújula.* Los números **❶** indican qué apartados de la sección *Tu brújula* de este *Libro del alumno* te ayudarán a entender lo que se te pide en esta actividad y ampliarás la información.

 Te envía al *Cuaderno de recursos y ejercicios.* Los números (*1*) indican en qué ejercicios del *Cuaderno de recursos y ejercicios* trabajarás este tipo de actividades.

Transcripciones de los audios

¿Quieres comprobar cómo se escribe lo que estás escuchando en el CD de audio? Entonces puedes acudir a las *Transcripciones de los audios* (pág. 135). Puedes leer estos diálogos antes de escuchar los audios, o, si lo prefieres, después para resolver tus dudas.

Soluciones

Aquí tienes las soluciones de los ejercicios que aparecen en las lecciones del *Libro del alumno*. Te aconsejamos que tras realizar una actividad compruebes tus respuestas, nunca antes.

Tabla de contenidos

Lección	Funciones comunicativas	Gramática	Vocabulario
1 Amigos	• Saludar y despedirse • Presentarse uno mismo, presentar a alguien • Pedir y dar información sobre personas: nombre, edad, procedencia, lugar de residencia, correo electrónico, la propia actividad	• Interrogativos: *cómo, dónde, cuánto, cuál* • El alfabeto • Números (1-20) • Pronombres personales • Los verbos *ser, tener, vivir y llamarse*	• Palabras compartidas por el español y muchas lenguas • Nombres de países y ciudades
2 ¿Cómo es tu madre?	• Hablar de la familia • Describir físicamente a una persona	• Los artículos determinados • Género y número del nombre y del adjetivo • Concordancia • Los adjetivos posesivos	• Adjetivos para la descripción física • Partes del cuerpo • Familia
3 El instituto	• Pedir a alguien una cosa • Hablar de acciones habituales • Hablar de horarios • Indicar cómo ir a un lugar	• Adjetivos demostrativos • Presente regular *-ar, -er, -ir* • Expresiones de tiempo	• Partes del colegio • Días de la semana • Material de la escuela

Lección	Funciones comunicativas	Gramática	Vocabulario
4 *La casa*	• Pedir y dar la dirección • Describir las partes de una casa • Localizar objetos en un espacio interior	• Contracciones: *al* y *del* • Los artículos indeterminados • Contraste *hay* / *está(n)* • Adverbios de cantidad + [adjetivo]	• Objetos de la casa • Partes de la casa • Lugares • Cualidades
5 *Me voy de viaje*	• Hablar de planes para el futuro • Dar instrucciones • Hablar de precios • Reaccionar ante una noticia	• Números: (20-100) • Preposiciones: *a, en* • Los verbos *ser* y *estar* • *Mucho / Poco*	• Meses • Medios de transporte • Nombres de tiendas
6 *¿Cómo fue?*	• Cómo hablar del pasado • Cómo agradecer • Cómo disculparse • Hablar del carácter	• Referencias temporales de pasado	• Acciones • Carácter

Amigos

Alejandro, Isabel, Manuel, Francisco y Teresa aman la música. Quieren crear un grupo. Buscan un flautista y un guitarrista. ¡Comienza la aventura del grupo de amigos!

Vas a aprender

- A saludar y despedirte.
- Cómo presentarte y presentar a alguien.
- A dar y pedir información sobre personas.

Observa la siguiente historieta y lee el diálogo.

Manuel, Francisco y Teresa llegan a casa de Isabel y Alejandro. Presentan a José y Raquel. José toca la flauta y Raquel la guitarra eléctrica.

Escucha el diálogo completo.

1a   Escribe los diferentes saludos que aparecen en el diálogo.

_____Hola_____

_____

_____

1b   Indica las diferentes despedidas que aparecen en el diálogo. Indica también quién las dice. (El primero ya está hecho).

___Nos vemos mañana___   ___Francisco_____

_____   _____

_____   _____

1c   Fíjate en el diálogo y relaciona las preguntas con las respuestas.

1. ¿Cuántos años tienes?   a. Soy de Colombia.

2. ¿De dónde eres?   b. Tengo 14 años.

2   Completa las frases con las palabras del recuadro.

cómo	mañana	llamas	buenos
eres	tienes		cómo

1. ● Hola, _____ días.

2. ● Hola, ¿_____ estás?

3. ● Adiós, hasta _____.

4. ● ¿Cómo te _____?
   ● Me llamo Raquel.

5. ● ¿De dónde _____?
   ● Soy de Argentina.

6. ● ¿Cuántos años _____?
   ● Tengo 14 años.

7. ● Hola, Teresa.
   ● ¿_____ estás, Isabel?

• En México es habitual saludarse diciendo **¿Qué onda? ¿Cómo estás?**; y en Argentina, **¿Cómo te va?**
• En México es normal despedirse diciendo **Hasta lueguito** y en Argentina y Uruguay, **Chau.**

¿Cómo te va?

Raquel es de Argentina, de Buenos Aires. Tiene 14 años. Toca la guitarra.

Alejandro es de España. Tiene 16 años. Es el cantante del grupo.

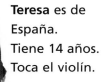

Francisco es de España y tiene 14 años. Toca la armónica.

Teresa es de España. Tiene 14 años. Toca el violín.

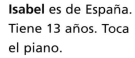

José es de Colombia, tiene 16 años. Toca la flauta.

Isabel es de España. Tiene 13 años. Toca el piano.

2, 3, 4, 5, 15, 18

3 Responde a las preguntas.

1. ¿De dónde es Alejandro?
   _____

2. ¿Cuántos años tiene Francisco?
   _____

3. ¿De dónde es Teresa?
   _____

4. ¿Cuántos años tiene José?
   _____

Manuel es de México. Tiene 13 años. Toca la batería.

4a Escucha los nombres de las letras.

A a	**B** be	**C** ce	**D** de	**E** e
F efe	**G** ge	**H** hache	**I** i	**J** jota
K ka	**L** ele	**M** eme	**N** ene	**Ñ** eñe
O o	**P** pe	**Q** cu	**R** erre	**S** ese
T te	**U** u	**V** uve	**W** uve doble	**X** equis
Y i griega	**Z** zeta			

5

19

4b Lee los siguientes diálogos.

¿Cómo se escribe *Gomes*, con *ese* o con *zeta*?

Con *ese*.

¿Cómo se escribe *Ibáñez*, con *hache* o sin *hache*?

Sin *hache*.

4c Escucha y completa las siguientes preguntas. Después respóndelas.

1. 💬 ¿Cómo se escribe *García*, con __ce__ o con _____?
   💬 ___Con ce.___
2. 💬 ¿Cómo se escribe *Calvo*, con _____ o con _____?
   💬 _____
3. 💬 ¿Cómo se escribe *Tejedor*, con _____ o con _____?
   💬 _____
4. 💬 ¿Cómo se escribe *Sánchez*, con _____ o con _____?
   💬 _____

Las letras **b**, **v** y **w** en algunos países de América también se llaman:
• **B**: be alta o be larga.
• **V**: ve baja o ve corta.
• **W**: ve doble, doble u o doble ve.

4d Elige uno de los siguientes apellidos. Di a tus compañeros las letras que tiene. Ellos tienen que descubrir qué apellido es.

Sáez	Sancho	Gómez	Gutiérrez
Sanz	Sánchez	Gomes	Gutierres
Sans	Sanches		
Sainz			

Canciones para un viaje

María

Ella es una mujer especial
como caída de otro planeta.

Así es María,
blanca como el día,
pero es veneno,
si te quieres enamorar.

Así es María,
tan caliente y fría,
que si te la bebes,
de seguro te va a matar.

Un, dos, tres,
un pasito *palante*[1], María.
Un, dos, tres,
un pasito *patrás*[2].

Aunque me muera ahora, María,
te tengo que besar.

Del álbum: *A medio vivir*
Ricky Martin
Autores: Ian Blake, K. C. Porter, L. Gómez Escolar

1 *palante* = para + adelante.
2 *patrás* = para + atrás.

5a Lee la letra de la canción y responde a la pregunta:

¿Cómo se llama ella? _____

5b Sustituye en el texto las palabras *un*, *dos*, *tres*, por los números 1, 2, 3.

5c Una de las siguientes palabras aparece en la canción. ¿Cuál es?

yo   tú   usted   él   ella

5d Relaciona las palabras de las columnas.
La primera ya está hecha.

Singular	Plural
yo	vosotros
tú	ellas
usted	nosotros
él	ellos
ella	ustedes

> En España, México, Cuba, Santo Domingo, Puerto Rico y Perú se usa **tú** en relaciones de confianza (*¿Cómo te llamas tú?*) y **usted** en relaciones de respeto (*¿Cómo se llama usted?*). En el español de América se utiliza **ustedes** en relaciones de confianza y de respeto (*Pedro, María, ¿de dónde son ustedes? / Señores Martínez, ¿de dónde son ustedes?*). En España se usa **vosotros** en relaciones de confianza (*Pedro, María, ¿de dónde sois vosotros?*) y **ustedes** en relaciones de respeto (*Señores Martínez, ¿de dónde son ustedes?*).

5e Busca con tu compañero las siguientes palabras en el diccionario:

mujer	planeta	día	caliente	matar	y
especial	blanca	enamorar	fría	besar	no

5f Localiza en el texto las palabras del ejercicio 5e.

6a Escucha los nombres de los números y escribe al lado la cifra correspondiente.
El uno ya está hecho.

_____ cuatro	_1_ uno	_____ tres	_____ dos
_____ siete	_____ ocho	_____ seis	_____ cinco
_____ once	_____ nueve	_____ doce	_____ diez

6b ¿Qué número se corresponde con estos nombres? Escribe la cifra al lado.

_____ quince	_____ diecinueve
_____ catorce	_____ dieciséis
_____ diecisiete	_____ veinte
_____ dieciocho	_____ trece

13   15

17   19

14   16

18   20

7 Di a tus compañeros los años que tienes. Sigue el ejemplo que te damos.

🗨 *¿Cuántos años tienes?*   🗨 *Tengo catorce años.*
   🗨 *Catorce.*

Canciones para un viaje

Ricky Martin se llama en realidad Enrique Martín Morales.

¿Sabes de dónde es?

Sí, es de Puerto Rico.

12, 16

8a El español se habla en muchos países además de en Puerto Rico. ¿Sabes dónde están? Fíjate en el mapa.

Países: Argentina, Chile, Colombia, Cuba, Ecuador, España, México, Nicaragua, Paraguay, Uruguay, Venezuela.

8b En todos estos países se habla español.
¿Dónde están las siguientes ciudades?
Une cada ciudad con su país correspondiente.

Ciudades	Países
Asunción	Ecuador
Bogotá	Chile
Santiago	Colombia
Caracas	Cuba
Montevideo	Venezuela
La Habana	España
Madrid	Paraguay
Quito	Uruguay

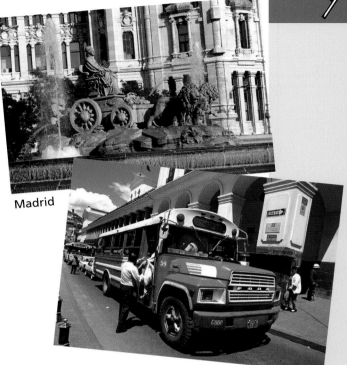

Madrid

Quito

9a Observa los mensajes recibidos en la web *chicos.net*. ¿Qué datos se dan en cada pantalla?

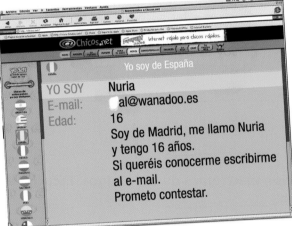

Yo soy de España

YO SOY: Nuria
E-mail: [...]al@wanadoo.es
Edad: 16
Soy de Madrid, me llamo Nuria
y tengo 16 años.
Si queréis conocerme escribirme
al e-mail.
Prometo contestar.

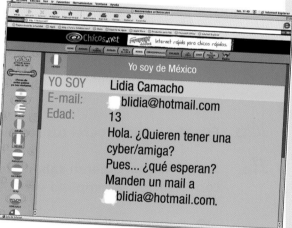

Yo soy de México

YO SOY: Lidia Camacho
E-mail: [...]blidia@hotmail.com
Edad: 13
Hola. ¿Quieren tener una
cyber/amiga?
Pues... ¿qué esperan?
Manden un mail a
[...]blidia@hotmail.com.

9b Lee los mensajes y contesta a las preguntas.

¿Cuántos años tiene Nuria? _____
¿Dónde vive Nuria? _____
¿Cuál es la dirección electrónica de Lidia? _____

4

13, 16, 17

9c Fíjate en la primera bandera que aparece en cada mensaje. ¿Sabes cómo se pronuncian los nombres de esos países? Pregunta a tu profesor.

9d Escribe tu mensaje en esta web.

10a Completa los siguientes diálogos.

1. _____

Me llamo Raquel.

2. _____

Catorce.

3. _____

De Colombia.

4. _____

Soy de Buenos Aires.

10b Escucha y comprueba tus respuestas.

11a José y Raquel quieren saber la dirección electrónica de sus amigos. Escucha esta conversación y completa este diálogo.

🗨 Isabel, ¿cuál es tu dirección de correo electrónico?

🗨 isacar@ya.es: _____, _____, _____, _____, _____, _____, arroba, ya, punto, es.

🗨 Francisco, ¿cuál es tu dirección de correo electrónico?

🗨 franme@hotmail.com: _____, _____, _____, _____, _____, _____, arroba, hotmail, punto, com.

11b Escribe tu dirección de correo electrónico para tus compañeros. Haz una agenda con las direcciones de correo electrónico de tus amigos.

🗨 Mi correo electrónico es _____ arroba _____ punto _____

12a Alejandro está escribiendo mensajes de texto con su teléfono móvil.
Después de apretar las teclas de este teléfono, ¿qué mensaje ha escrito?
La primera palabra ya está hecha.

44, 666, 555, 2: ___*Hola*___

7777, 666, 999: _____

2, 555, 33, 5, 2, 66, 3, 777, 666: _____

222, 666, 6, 666: ¿_____

33, 7777, 8, 2, 7777: _____?

12b Escribe las teclas que tienes que apretar para escribir
el siguiente mensaje.

_____, _____, _____, _____, _____, _____: buenos

_____, _____, _____, _____: días

¿_____, _____, _____, _____, _____: ¿dónde

_____, _____, _____, _____, _____?: estás?

12c Escribe un mensaje muy breve. Después di a tus compañeros
qué teclas tienen que apretar para escribir el mismo mensaje.

13 Explica todo lo que puedas de tu mejor amigo. Escribe un texto parecido a éste.
Pon una foto suya. Después preséntalo a tus compañeros de clase.

Ésta es mi mejor amiga.
Se llama Ana.
Tiene quince años.
Ella es de México,
vive en Guadalajara.
Ella toca el piano.
Su correo electrónico es
anague@hotmail.com.mx.

Tu brújula

Hola, ¿qué tal?

Muy bien, ¿y tú? ¿Cómo estás?

Bien.

1 Saludar y despedirse

Saludar:
- 🗨 *Buenos días.*
- 🗨 *Buenas tardes.*
- 🗨 *Buenas noches.*

Despedirse:
- 🗨 *Adiós.*
- 🗨 *Hasta luego.*
- 🗨 *Hasta mañana.*
- 🗨 *Nos vemos mañana.*

2 Presentaciones

Presentarse uno mismo:
- 🗨 *Hola. Me llamo José.*
- 🗨 *Hola, José, ¿qué tal?*

Presentar a otra persona:
- 🗨 *Ésta es Isabel.*
- 🗨 *Hola, Isabel. ¿Cómo estás?*

¿Cuál es la dirección de correo electrónico de Isabel?

isabel@inscus.com

Soy estudiante. Estudio en el instituto Cus.

3 Pedir y dar información sobre personas

Preguntar y decir el nombre:
- 🗨 *¿Cómo te llamas?*
- 🗨 *Me llamo Raquel.*

Preguntar y decir la edad:
- 🗨 *¿Cuántos años tienes?*
- 🗨 *Catorce.*

Preguntar y decir la procedencia:
- 🗨 *¿De dónde eres?*
- 🗨 *Soy de Colombia.*
- 🗨 *Yo soy de Ecuador.*

Preguntar y decir el lugar de residencia:
- 🗨 *¿Dónde vives?*
- 🗨 *Vivo en Bogotá.*

Preguntar y dar el correo electrónico:
- 🗨 *¿Cuál es tu dirección de correo electrónico?*
- 🗨 *a, ele, e, ene, a, ge, a, erre, ce, e, arroba, hotmail, punto, com.*
  (alenagarce@hotmail.com)

Hablar de la propia actividad:
- 🗨 *Soy profesor. Trabajo en el instituto...*

4 Pronombres interrogativos: *cómo, dónde, cuántos, cuál*

¿**Cómo** estás?
¿**Cómo** te llamas?
¿**De dónde** eres?

¿**Cuántos** años tienes?
¿**Dónde** vives?
¿**Cuál** es tu dirección electrónica?

5 El alfabeto

A	a	**B**	be	**C**	ce	**D**	de	**E**	e
F	efe	**G**	ge	**H**	hache	**I**	i	**J**	jota
K	ka	**L**	ele	**M**	eme	**N**	ene	**Ñ**	eñe
O	o	**P**	pe	**Q**	cu	**R**	erre	**S**	ese
T	te	**U**	u	**V**	uve	**W**	uve doble	**X**	equis
Y	i griega	**Z**	zeta						

Deletrear:
- 💬 *Me llamo Jiménez.*
- 💬 *¿Cómo se escribe, con* ge *o con* jota?
- 💬 *Con* jota.

Recuerda: en situaciones formales, utiliza *usted*, y en conversaciones informales, usa *tú*.

6 Números

1	uno	**6**	seis	**11**	once	**16**	dieciséis
2	dos	**7**	siete	**12**	doce	**17**	diecisiete
3	tres	**8**	ocho	**13**	trece	**18**	dieciocho
4	cuatro	**9**	nueve	**14**	catorce	**19**	diecinueve
5	cinco	**10**	diez	**15**	quince	**20**	veinte

7 Pronombres personales

1.ª PERSONA SINGULAR	yo
2.ª PERSONA SINGULAR	tú, usted
3.ª PERSONA SINGULAR	él, ella
1.ª PERSONA PLURAL	nosotros, nosotras
2.ª PERSONA PLURAL	vosotros, vosotras, ustedes
3.ª PERSONA PLURAL	ellos, ellas

Usted es un pronombre de 2.ª persona que va acompañado de las formas verbales de la 3.ª persona. Por ejemplo: ***Usted viaja*** en avión.

8 Los verbos *ser, tener* y *vivir*

	SER	TENER	VIVIR
YO	soy	tengo	vivo
TÚ	eres	tienes	vives
ÉL, ELLA, USTED	es	tiene	vive
NOSOTROS, NOSOTRAS	somos	tenemos	vivimos
VOSOTROS, VOSOTRAS	sois	tenéis	vivís
ELLOS, ELLA, USTEDES	son	tienen	viven

	LLAMARSE
YO	me llamo
TÚ	te llamas
ÉL, ELLA, USTED	se llama

Comprueba qué has aprendido en esta lección

1. Ellas _____ de Argentina.
   a. soy
   b. son
   c. somos

2. 💬 Hola, ¿_____ tal?
   💬 Bien, ¿y tú?
   a. qué
   b. de dónde
   c. dónde

3. 💬 Éste es Manuel.
   💬 _____
   a. Buenas noches.
   b. Adiós, Manuel.
   c. Hola, ¿cómo estás?

4. 💬 ¿De dónde es Fernando?
   💬 Es _____ México.
   a. de
   b. tú
   c. y

5. 💬 Me llamo *González*.
   💬 ¿Cómo se escribe, con *ese* o con *zeta*?
   💬 _____.
   a. Con *ese*
   b. Con *zeta*
   c. Con *jota*

6. 💬 Tengo 15 años.
   💬 ¿_____?
   💬 Sí.
   a. Trece
   b. Catorce
   c. Quince

7. ¿_____ es tu dirección de correo electrónico?
   a. Dónde
   b. Cuál
   c. Cuántos

8. 💬 ¿Dónde vive _____?
   💬 En Buenos Aires.
   a. yo
   b. tú
   c. él

9. 💬 ¿Cómo _____ ella?
   💬 Ana.
   a. te llamas
   b me llamo
   c. se llama

10. 💬 Se llama Juan *Hierro*.
    💬 ¿Cómo se escribe?
    💬 _____.
    a. Hache, e, i, ele, ele, o
    b. Hache, i, e, erre, erre, o
    c. Equis, i, e, erre, ele, u

11. 💬 ¿Dónde vives?
    💬 Vivo _____.
    a. de Caracas
    b. en Caracas
    c. y Caracas

12. 💬 ¿Cuántos años tienes _____?
    💬 Dieciséis.
    a. tú
    b. nosotros
    c. ellas

13. Me llamo Alejandro, _____ estudiante.
    a. soy
    b. somos
    c. es

14. 💬 ¿Cómo te llamas?
    💬 _____
    a. ¿Qué tal?
    b. Raquel.
    c. Soy de México.

¡Ánimo! Contesta a las preguntas con seguridad.

Muy buenos consejos, Isabel. Pero, ¿te bajas de mi espalda? Estoy cansado.

¿Cómo es tu madre?

Vas a aprender

- A hablar de tu familia.
- Cómo describir físicamente a una persona.

Tus amigos hablan de sus familias. ¿Quieres conocer a sus padres y a sus hermanos? ¿Quieres saber cómo son físicamente? En esta lección puedes aprenderlo.

Observa la siguiente historieta y lee el diálogo.

Después de ensayar juntos, Isabel, Manuel y José hablan de sus familias.

Alejandro es tu hermano, ¿verdad, Isabel?

Sí, somos hermanos.

¿Dónde está Alejandro?

Está en casa de nuestra madre.

¿De vuestra madre?

Sí. Mis padres están divorciados.

Sí, aquí está.

¿Tienes una foto de tu madre?

¿Cómo se llama?

Ésta es mi madre.

Eva.

¡Qué bonita!

Pues yo no tengo hermanos.

¿Y tú, José, tienes hermanos?

Sí, tengo dos. Se llaman Carlos y Julia. Julia toca la guitarra en un grupo de jazz.

Ah, ¿no?

No. Pero tengo cinco primos y los cinco son músicos.

Escucha el diálogo completo.

1a   Responde a las preguntas.

1. Isabel y Alejandro son...
   ☐ hermanos   ☐ amigos

2. Los padres de Isabel y Alejandro están...
   ☐ divorciados   ☐ casados

3. ¿Cuántos hermanos tiene José?
   ☐ Dos   ☐ Tres

4. ¿Cómo se llaman los hermanos de José?
   ☐ Juan y Carmen   ☐ Carlos y Julia

5. ¿Manuel tiene hermanos?
   ☐ Sí   ☐ No

```
           (abuelo ⌒ abuela)
                        |
(tía ⌒ tío)·····(padre ⌒ madre)
    |                      |
 primo ·········YO ⌒ hermano
```

1b   Observa el siguiente cuadro.

el	la	los	las
hermano	hermana	hermanos	hermanas
tío	tía	tíos	tías

1c   Ahora completa este cuadro.

el	la	los	las
primo	_____	_____	_____
_____	_abuela_	_____	_____

1d   Fíjate en estas palabras.

el padre + la madre = los padres

1e   Completa las siguientes frases.

1. La **hija** de mi **padre** es mi ___hermana___.
2. El **hermano** de mi **padre** es mi _____.
3. El **padre** de mi **hermana** es mi _____.
4. La **madre** de mi **padre** es mi _____.
5. El **hijo** de mi **tío** es mi _____.
6. La **hermana** de mi **primo** es mi _____.

La palabra **hermanos** es masculina, pero puede referirse por ejemplo a un hermano y una hermana; a un hermano y dos hermanas, etc. Lo mismo sucede con **tíos**, **hijos**, **primos** y **abuelos**.

2a Lee el texto y relaciona cada frase con la foto correspondiente.

4, 7, 8, 16, 17

Manuel tiene los ojos negros.
Raquel tiene los ojos verdes. Es muy guapa.
Francisco lleva gafas. Alejandro no lleva gafas.
Isabel tiene el pelo corto y liso. No tiene el pelo largo.
Alejandro es alto. Manuel es bajo. Todos son muy guapos.

2b Fíjate bien en las fotos anteriores y responde a las preguntas.

1. ¿Cómo tiene los ojos Manuel? _____
2. ¿Raquel tiene los ojos negros? _____
3. ¿Francisco lleva gafas? _____
4. ¿Isabel tiene el pelo largo? _____
5. ¿Alejandro es alto? _____

3a Isabel y José hablan de sus padres. Escucha y responde a las preguntas. Fíjate en el ejemplo.

1. ¿Quién es rubia?   _La madre de Isabel._
2. ¿Quién tiene los ojos azules? _____
3. ¿Quién es bajita? _____
4. ¿Quién lleva barba? _____
5. ¿Quién lleva bigote? _____
6. ¿Quién tiene el pelo rizado? _____
7. ¿Quién tiene los ojos marrones? _____

4, 7, 8, 16, 17

3b Escucha otra vez y completa el cuadro con la información que dicen.

	Es...	Lleva...	Pelo	Ojos
Madre de Isabel	_alta_		_____	_____
			_____	
Madre de José	_____		_____	_____
Padre de Isabel	_____	_____		_____
Padre de José		_____	_____	_____
		_____		

3c Con la información que tienes, escribe un texto describiendo a los padres de Isabel y José.

🗨 _La madre de Isabel es_ _____ . _Tiene_ _____ .
El padre de Isabel es _____ . _Lleva_ _____ .

3d Explica a tus compañeros cómo es tu mejor amigo. Usa las palabras que has aprendido en estas dos páginas.

🗨 _Mi mejor amigo se llama_ _____ . _Es_ _____ .
Tiene _____ . _Lleva_ _____ .

- En casi toda Hispanoamérica se dice **lentes**. En España se dice **gafas**.
- En España se dice **rubio** para referirse al color el cabello. En México se dice **güero**.
- En España se dice **liso** para referirse al cabello. En México se dice **lacio**.

Canciones para un viaje

Suerte

Yo puedo escalar los Andes,
sólo por ir a contar tus lunares.

Contigo celebro y sufro todo,
mis alegrías y mis males.

Sabes que estoy a tus pies.

Contigo, mi vida,
quiero vivir la vida,
y lo que me queda de vida,
quiero vivir contigo.

Suerte que es tener labios sinceros,
para besarte con más ganas.

Suerte que heredé las piernas firmes,
para correr si un día hace falta.
Y estos dos ojos que me dicen,
que han de llorar cuando te vayas.

La felicidad tiene tu nombre y tu piel.

Ya sabes mi vida,
estoy hasta el cuello por ti,
y si sientes algo así,
quiero que te quedes junto a mí.

Del álbum: *Servicio de lavandería*
Shakira
Autor: Sakira, Tim Mitchell

4a **Localiza las siguientes palabras en la canción.**

lunares	pies
labios	piernas
ojos	piel
cuello	

4b **Escribe la traducción a tu lengua de las palabras anteriores.**

4c Coloca las siguientes palabras en el lugar correcto.

el cuello
los labios
los ojos
las piernas
los pies

5a En la canción, la cantante habla de cosas de ella **(yo)** y de cosas de otra persona **(tú)**. Clasifícalas. Las dos primeras ya están hechas.

Yo	Tú
mis alegrías	*tus lunares*

5

11, 12, 13

5b Vuelve a escribir las palabras anteriores clasificándolas en singular o plural.

	Yo	Tú
SINGULAR		
PLURAL		

Canciones para un viaje

5 11, 12, 13

5c Tus amigos hablan de sus cosas. Completa las frases con las siguientes palabras.

| nuestro | nuestra | nuestros | nuestras |

1. _____ ojos son negros.

2. _____ pelo es corto.

3. Raquel y Teresa son _____ amigas.

4. _____ madre se llama Eva.

• Observa que los posesivos concuerdan con el nombre en número.
  Mi hermano.
  Mis hermanos.
• Fíjate en que **nuestro** y **vuestro** además concuerdan con el nombre en género.
  Nuestro hermano.
  Nuestra hermana.

5d Imagina que no has entendido lo que te han dicho en las frases anteriores y preguntas para estar seguro. Completa las preguntas con las siguientes palabras.

| vuestro | vuestra | vuestros | vuestras |

1. ¿_____ ojos son negros?
2. ¿_____ pelo es corto?
3. Raquel y Teresa son _____ amigas?
4. ¿_____ madre se llama Eva?

6a ¿Quieres conocer a la familia de Francisco?

Juan Iglesias Blasco
(su padre)

Pablo Sánchez Bertrán
(su abuelo)

Carmen Aguirre Barral
(su abuela)

Luisa García Miró
(su tía)

María Sánchez Aguirre
(su madre)

Antonio Sánchez Aguirre
(su tío)

Elena
(su hermana)

Francisco

Felipe Sánchez García
(su primo)

Jorge Sánchez García
(su primo)

6b ¿Cuáles son los dos apellidos de Francisco y Elena?

_____

6c Explica qué sabes de la familia de Francisco.

🗨 *Francisco tiene una hermana, se llama* _____ *. Sus abuelos se llaman*
_____
_____
_____

7a ¿Tienes fotos recientes de tu familia? Llévalas a clase
y enséñalas a tus compañeros. Explica quiénes son
y cómo se llaman.

🗨 *Este es mi padre. Se llama* _____
_____
_____
_____

7b Escribe un texto explicando cómo es
tu familia, cuántos hermanos o primos
tienes. Explica también cómo se
llama cada uno.

En casi todos los países latinoamericanos las personas tienen dos apellidos: el
primero es el primer apellido del padre y el segundo es el primer apellido de
la madre.
Cuando un hombre y una mujer se casan, conservan sus apellidos de solteros.

③

9, 10

8a Coloca los artículos junto al nombre correcto. El primero ya está hecho.

| el | la | los | las |

los labios   _____ barba   _____ pelo
_____ piernas   _____ ojos   _____ pies
_____ pelos   _____ cuello   _____ gafas
_____ brazos   _____ orejas   _____ padres
_____ foto   _____ familia   _____ chicas

8b Observa cómo y por qué cambia el adjetivo **negro** en cada frase.

el ojo neg**ro**   los ojos neg**ros**
la barba neg**ra**   las barbas neg**ras**

8c Completa las frases con **–o, -a, -os, -as.**

el pelo larg_____   la pierna larg_____   los ojos negr_____

las chicas delgad_____   el chico delgad_____   los chicos moren_____

la chica moren_____   el hermano rubi_____   la hermana alt_____

8d Observa cómo y por qué cambia el adjetivo **grande** en cada frase.

el ojo grande   los ojos grand**es**
la casa grande   las casas grand**es**

8e Completa con **–s, –es** donde sea necesario.

la familia grande_____

los ojos azul_____

el pelo azul_____

los pies grande_____

el ojo azul_____

las gafas marron_____

el pelo marrón_____

el ojo grande_____

el ojo marrón_____

9a Raquel y Francisco enseñan fotos de sus familias. Lee los diálogos y complétalos con la forma correcta del verbo **llevar**.

RAQUEL: Mira esta foto de mi familia. Mi padre (1)_____ bigote.
FRANCISCO: ¿Y tú qué (2)_____?
RAQUEL: (3)_____ unas gafas marrones.
FRANCISCO: ¡Ah! Mira la foto de mi familia.
RAQUEL: ¡Qué bonita! ¿Qué (4)_____ vosotros en esta foto?
FRANCISCO: Mis hermanos y yo (5)_____ gafas de sol.
RAQUEL: ¿Todos tus tíos (6)_____ bigote?
FRANCISCO: Sí, todos.

9b Escucha el diálogo y asegúrate de que lo has completado correctamente.

1, 2, 3

10 Observa la foto de Teresa. ¿Qué puedes decir de ella?

4, 7, 15, 17

Ésta es Teresa. Es _____
_____ .

Tiene _____
_____
_____
_____ .

Lleva _____
_____
_____ .

Aquí tienes el presente de los verbos **ser**, **tener** y **llevar**:			
	SER	**TENER**	**LLEVAR**
Yo	soy	tengo	llevo
Tú	eres	tienes	llevas
Él / Ella / Usted	es	tiene	lleva
Nosotros / Nosotras	somos	tenemos	llevamos
Vosotros / Vosotras	sois	tenéis	lleváis
Ellos / Ellas / Ustedes	son	tienen	llevan

11 Haz una descripción de un compañero de clase. Intercambia tu papel con tu compañero, lee su texto y adivina a quién ha descrito.

1 Hablar de la familia

- *Éste es mi padre.*
- *¿Tienes hermanos?*
- *Sí, tengo un hermano y dos hermanas.*

2 Describir físicamente a las personas

Para describir se utilizan los verbos *ser, tener y llevar.*

Ser: *Soy alta, delgada y morena.*

Tener: *Ella **tiene** el pelo largo y los ojos negros.*

Llevar: *Mi padre **lleva** bigote y gafas.*

3 Los artículos determinados

En español hay cuatro artículos determinados según el género y el número del nombre al que acompañan.

	Singular	Plural
Masculino	el	los
Femenino	la	las

el bigote	*los* ojos
la barba	*las* gafas

4 Género y número del nombre y del adjetivo. Concordancia

Nombres
Nombres como *ojo, pelo* o *bigote* son masculinos y forman el plural añadiendo una –s.

	Singular	Plural
Masculino	ojo	ojos
	dedo	dedos

Nombres como *pierna, barba* o *vida* son femeninos y forman el plural añadiendo una –s.

	Singular	Plural
Femenino	boca	bocas
	pierna	piernas

Nombres como *hermano, abuelo* o *amigo* son masculinos y forman el femenino añadiendo una *–a* y forman el plural añadiendo una *–s*.

	SINGULAR	PLURAL
MASCULINO	herman**o**	herman**os**
FEMENINO	herman**a**	herman**as**

Adjetivos

Adjetivos como *negro, alto, guapo, largo* o *moreno* forman el femenino y el plural de la siguiente manera:

	SINGULAR	PLURAL
MASCULINO	neg**ro**	neg**ros**
FEMENINO	neg**ra**	neg**ras**

Adjetivos como *marrón, azul, verde* o *grande* son invariables en género:

	SINGULAR	PLURAL
MASCULINO Y	azul	azules
FEMENINO	grande	grandes

El nombre y el adjetivo concuerdan en género y número.

Masculino singular: *El chico es muy guapo, alto y rubio.*
Femenino singular: *La chica es muy guapa, alta y rubia.*
Masculino plural: *Los chicos son altos y delgados.*
Femenino plural: *Las chicas son altas y delgadas.*

⑤ Adjetivos posesivos

	RELACIONADO CON YO	RELACIONADO CON TÚ	RELACIONADO CON ÉL, ELLA, USTED
SINGULAR	mi	tu	su
PLURAL	mis	tus	sus

mi hermano, *–a*	**tu** hermano, *–a*	**su** hermano, *–a*
mis hermanos, *–as*	**tus** hermanos, *–as*	**sus** hermanos, *–as*

	RELACIONADO CON NOSOTROS / AS	RELACIONADO CON VOSOTROS / AS	RELACIONADO CON ELLOS / AS
SINGULAR	nuestro, –a	vuestro, –a	su
PLURAL	nuestros, –as	vuestros, –as	sus

nuestro *amigo*	**vuestro** *amigo*	**su** *amigo*
nuestra *casa*	**vuestra** *casa*	**su** *casa*
nuestros *amigos*	**vuestros** *amigos*	**sus** *amigos*
nuestras *casas*	**vuestras** *amigas*	**sus** *casas*

Comprueba qué has aprendido en esta lección

1. Los padres de Isabel están _____.
   a. casado
   b. divorciados
   c. divorciado

2. La abuela de Carlos es _____.
   a. rizada
   b. alto
   c. rubia

3. Manuel y Teresa son _____ amigos.
   a. vuestras
   b. nuestros
   c. su

4. ¿Dónde están _____ gafas?
   a. el
   b. las
   c. la

5. 🗩 ¿Cómo es Teresa?
   🗩 _____ morena, muy guapa.
   a. Es
   b. Tiene
   c. Lleva

6. 🗩 ¿Ricardo lleva _____?
   🗩 Sí.
   a. bigote
   b. alto
   c. moreno

7. 🗩 ¿Cómo es Fernando?
   🗩 Es muy _____.
   a. guapo
   b. rubia
   c. delgada

8. María tiene el pelo _____.
   a. alta
   b. rubia
   c. largo

9. ¿Juan es _____ padre?
   a. nuestros
   b. vuestro
   c. sus

10. Mi hermana tiene los ojos _____.
    a. marrón
    b. azul
    c. grandes

11. El hijo de mi madre es mi _____.
    a. hermano
    b. padre
    c. primo

12. Eduardo es _____ primo.
    a. sus
    b. su
    c. tus

13. 🗩 ¿Qué _____ tú en esta foto?
    🗩 Yo _____ gafas de sol.
    a. lleva / llevas
    b. llevo / llevas
    c. llevas / llevo

14. Juan y Antonio son _____ hermanos.
    a. mi
    b. tu
    c. mis

Tu REVISTA

Año I • Número 1

¡Únete al club!

Más de 350 millones de hispanohablantes

El español en el mundo

¿Te gusta tu nombre?

Descubre los nombres más comunes de Hispanoamérica

Es para toda la vida

Tu amor platónico

Tres jóvenes hablan de su amor ideal

¡¡Toma nota!!

El grupo de amigos desean conocer

El mundo en español

¿Te apuntas a su viaje?

El español se habla en dos continentes separados por el océano Atlántico: América y Europa. En América hablan español en Argentina, Bolivia, Chile, Colombia, Costa Rica, Ecuador, Puerto Rico, El Salvador, Guatemala, Honduras, México, Nicaragua, Panamá, Paraguay, Perú, Uruguay, Cuba, República Dominicana y Venezuela. En Europa, en España.

Más de 350 millones de hispanohablantes

En Estados Unidos hay más de 30 millones de personas que hablan español. Viven sobre todo en los estados de California, Florida y Texas.

Además, **Nueva York** es una ciudad en la que, prácticamente, es posible vivir hablando español.

En la **Unión Europea** estudian español casi tres millones y medio de alumnos. El 60% son franceses, el 15% británicos y el 11% alemanes.

El español es el **tercer** (3er) idioma más utilizado por la comunidad de internautas. El 5,9 % de personas que usan **Internet** hablan español.

Ranking

Inglés	51,3 %
Japonés	8,1 %
Español	5,9 %
Alemán	5,9 %

¿Te gusta tu nombre?

¿Tu nombre es muy común en tu país?

Hay nombres de chicos y chicas muy populares en todos los países hispanoamericanos.

Antes de descubrir cuáles son los ganadores, haz tus apuestas.

Descubre los nombres más comunes de Hispanoamérica desde 1990:

Chico	%	Chica	%
José	6,83	María	10,92
Juan	6,46	Ana	2,37
Luis	5,55	Rosa	2,30
Carlos	3,14	Claudia	1,28
Manuel	2,51	Carolina	1,25
Francisco	2,43	Patricia	1,19
Jorge	2,40	Juana	1,17
Pedro	1,89	Carmen	1,06
Víctor	1,79	Margarita	1,04
Sergio	1,77	Silvia	1,01

Extraído de www.padresok.com

REPUBLICA DE VENEZUELA
MINISTERIO DE RELACIONES INTERIORES
OFICINA NACIONAL DE IDENTIFICACION

Norte · Centro · Sur América
Antillas · Europa · Asia · Africa
y Oceanía

OBSERVACIONES

PASAPORTE
Serial N.º 118087

REPUBLICA DE COLOMBIA

PASAPORTE
PASSPORT

TIPO / TYPE: P
COD. PAIS / CODE COUNTRY: COL
PASAPORTE Nº / PASSPORT No.: VC 29. 334. 109

APELLIDOS / SURNAME
URIBE BOLERO

NOMBRES / GIVEN NAMES
JOSE

FECHA Y LUGAR DE NACIMIENTO / DATE AND PLACE OF BIRTH
05 SEPTIEMBRE 1987 MEDELLIN

SEXO / SEX: M
LUGAR Y FECHA DE EXPEDICION / PLACE AND DATE OF ISSUE
MEDELLIN 20 MARZO 1999

FECHA DE VENCIMIENTO
15 MARZO

VENEZ

España

NOMBRE
FRANCISCO
PRIMER APELLIDO
IGLESIAS
SEGUNDO APELLIDO
SÁNCHEZ

36998204 I

EXP: 4 - 4 - 2003 VAL: 4 - 4 - 2008

Ministerio del Interior

CURIOSIDADES

Muchos nombres hispanos tienen un uso más familiar. A **Francisco** en familia le llaman **Paco**; a **José**, **Pepe**; a **Ignacio**, **Nacho**; a **Manuel**, **Manolo**, y a **Enrique**, **Quique**.

El tema de esta semana:
Tu amor platónico

Me llamo Claudia y tengo 16 años. Mi amor platónico es un chico de mi escuela. Tiene el pelo rubio y unos labios muy bonitos.

Claudia Mendoza
Medellín (Colombia)

· · · · ·

Hola, soy Eva y tengo 15 años. Me gusta un chavo de mi barrio que se llama Ricardo. Es muy guapo y muy simpático. Es alto, moreno con el pelo lacio, tiene los ojos negros y una sonrisa muy bonita.

Eva Uribe
Cuernavaca (México)

· · · · ·

Hola, soy Mario y tengo 14 años. Mi amor platónico es mi profesora de gimnasia, es delgada y muy guapa. Tiene las manos muy bonitas y los ojos marrones.

Mario González
Buenos Aires (Argentina)

Próximo tema:
Conserva tus amigos

ACTIVIDADES

EL ESPAÑOL EN EL MUNDO

1 Responde a las preguntas.

a. ¿Cuántos millones de personas hablan español en Estados Unidos?
b. ¿En qué estados de Estados Unidos hablan más español?
c. ¿En qué país de la Unión Europea se estudia más español?

¿TE GUSTA TU NOMBRE?

2 ¿Cuál es la forma familiar de estos nombres?

Ignacio: _____
Francisco: _____
Manuel: _____
José: _____

3 ¿Cómo se dice tu nombre en español?

Se dice _____

4 ¿Cómo se llaman tus compañeros? ¿Cómo se dicen sus nombres en español?

🗨 ¿Cómo te llamas?
🗨 Peter.
🗨 En español, tu nombre se dice Pedro.
🗨 Sí, en español Peter se dice Pedro.

Tu amor platónico

5 Vuelve a leer las descripciones y señala cuál de las siguientes fotos es el amor platónico de Claudia, Eva y Mario.

Es el amor platónico de _____

Es el amor platónico de _____

Es el amor platónico de _____

PASATIEMPOS

6 Estas fotografías tienen cuatro diferencias. Búscalas y escribe su nombre. Una pista: se trata de cuatro partes del cuerpo.

Son diferentes...
el _____
los _____
la _____
los _____

El instituto

Vas a aprender

- A pedir a alguien una cosa.
- A hablar de acciones habituales.
- A hablar de horarios.
- A indicar cómo ir a un lugar.

¿Cómo es la vida en tu instituto? ¿A qué hora empiezan las clases? En esta lección, nuestros amigos nos hablan de sus horarios y de las actividades que realizan habitualmente.

Observa la siguiente historieta y lee el diálogo.

Nuestros amigos llegan al instituto. Teresa, Isabel y Raquel escuchan música los viernes por la tarde.

Escucha el diálogo completo.

1a Relaciona las preguntas con las respuestas e indica quién las dice.

1. 🗨 ¿Me prestas el diccionario?
2. 🗨 ¿Tienes una hoja de papel?

a. 🗨 Sí, claro.
b. 🗨 No, lo siento.

Frase   **¿Quién dice la frase?**

¿Me prestas el diccionario?   _____Isabel_____
¿Tienes una hoja de papel?   _____
Sí, claro.   _____
No, lo siento.   _____

1b Lee los siguientes diálogos y complétalos con las palabras del cuadro.

a las diez	hora
de la mañana	a qué

1. ¿*A qué* hora empieza la clase de química?

2. _____ de la mañana.

3. ¿A qué _____ termina la clase de física?

4. A las once _____.

• En España para pedir un objeto se usa el verbo **prestar** o **dejar**:
¿Me **prestas** una hoja de papel?
¿Me **dejas** una hoja de papel?

• En México sólo se utiliza **prestar**:
¿Me **prestas** una hoja de papel?

1c Ahora lee las siguientes afirmaciones y señala si son verdaderas (V) o falsas (F).

	V	F
1. Para preguntar por un horario se usa la expresión ¿A qué hora...?	☐	☐
2. Para responder, se usa: *a la / las* + [hora].	☐	☐

2a Lee los siguientes textos.

Texto n.º 1

Raquel es de Argentina. Estudia en un instituto.

Todas las mañanas desayuna en casa. Luego va al instituto. Los lunes por la mañana va a clase de gimnasia y de matemáticas. Por la tarde tiene clase de música.

Normalmente tiene muchas tareas. Ella hace las tareas todas las tardes. Luego pone los lápices y los bolígrafos en el estuche y guarda los libros y los cuadernos. Después prepara la mochila para el día siguiente.

Los viernes escucha música con Isabel y Teresa.

Los sábados por la mañana escribe correos electrónicos a sus amigos. Por la tarde sale con sus amigos del instituto. Raquel tiene muchos amigos.

Texto n.º 2

José es de Colombia. Es amigo de Raquel. José y Raquel estudian en el mismo instituto.

Todas las mañanas José se levanta a las ocho y se viste. No desayuna en casa, desayuna en el instituto.

Prepara su mochila y sale de casa. Los lunes por la mañana, José tiene química y lengua. Él tiene clase de gimnasia los martes por la tarde y los jueves por la mañana.

Todas las tardes, José va a la biblioteca y hace las tareas.

Los fines de semana toca la flauta y sale con sus amigos.

2b Después de leer los textos, fíjate en estas fotos y señala con qué texto se corresponden.

Texto n.º: _____

Texto n.º: _____

- En España se dice **bolígrafo**.
- En Argentina se dice **birome**.
- En México se dice **pluma**.

2c Ahora contesta a las siguientes preguntas.

1. ¿De dónde es Raquel? *Raquel es de Argentina.* _____
2. ¿Cuándo tiene matemáticas Raquel? _____
3. ¿Cuándo escucha música Raquel? _____
4. ¿De dónde es José? _____
5. ¿Cuándo va a clase de gimnasia? _____
6. ¿Cuándo toca la flauta José? _____

3a Escucha el diálogo y escribe las palabras que faltan.

MANUEL: Yo tengo clase de matemáticas los martes por la (1) _mañana_ y los jueves por la (2)_____.

FRANCISCO: Pues los (3)_____ por la mañana y los (4)_____ por la tarde yo tengo informática.

MANUEL: ¿Cuándo tienes (5)_____?

FRANCISCO: (6)_____ los miércoles y los viernes (7)_____ la mañana.

3, 4, 16

3b ¿Qué hace tu compañero en el instituto? ¿Qué clases tiene? Habla con tu compañero y toma nota.

4a Escucha los diálogos y luego completa el cuadro. Observa el ejemplo.

	¿Qué pide?	¿Cómo responde?
1	_Un lápiz_	_Sí, toma._
2	_____	_____
3	_____	_____

1

1, 2

4b Observa las siguientes imágenes y escribe su nombre. Fíjate en el ejemplo.

diccionario
lápiz
sacapuntas
goma de borrar
bolígrafo
cuaderno

a. _lápiz_   b. _____   c. _____

d. _____   e. _____   f. _____

1, 10

4c Pide a tu compañero los siguientes objetos.

- Una hoja de papel
- Una calculadora
- Un reloj
- Una goma de borrar
- El libro de matemáticas

Y sólo se me ocurre amarte

Tan pura la vida y tú
tan llena de paz.
Y sólo se me ocurre amarte.

Llenas mi vida de luz
llenas el cielo,
la tierra y el mar.
Y a mí tan sólo se me ocurre amarte.

No existe un corazón que lo resista.
Porque si lloras, quiero que mis ojos
sigan cada lágrima tuya
y hasta que la pierda de vista.

La miro a ella y te miro a ti
usa mi alma como una cometa
y yo muero de ganas
de encontrar la forma
de enseñarte el alma.
Y sólo se me ocurre amarte.

Del álbum: *Unplugged*
Alejandro Sanz
Autor: Alejandro Sánchez Pizarro

5 Lee la letra de la canción y luego completa las frases marcando la solución más adecuada.

1. Y _____ tan llena de paz.
   ☐ yo   ☐ tú
2. Llenas el cielo, la tierra y _____ mar.
   ☐ el   ☐ agua
3. No existe _____ corazón.
   ☐ un   ☐ el
4. La miro a _____.
   ☐ ella   ☐ yo
5. Y _____ muero de ganas.
   ☐ tú   ☐ yo

6a Las siguientes palabras pertenecen a la canción. Fíjate en ellas y luego completa la afirmación marcando la opción correcta.

| lloras   existe   miro   llenas   muero   quiero |

Todas estas palabras son...
☐ formas verbales   ☐ nombres

6b Observa los siguientes verbos y clasifícalos en la columna correcta.

17, 18

| llenar   comer   resistir   existir   bailar   beber |

Verbos acabados en *-ar*	Verbos acabados en *-er*	Verbos acabados en *-ir*
llenar		

6c Relaciona las palabras de la columna izquierda con las de la derecha.

Yo   bailáis
Tú   bailan
Él, ella, usted   bailo
Nosotros, nosotras   bailas
Vosotros, vosotras   bailamos
Ellos, ellas, ustedes   baila

6d En el ejercicio anterior tienes el presente de indicativo el verbo *bailar* (regular). Observa las terminaciones y completa el cuadro:

Terminaciones de los verbos acabados en *-ar*

1. Yo	_-o_
2. Tú	_____
3. Él, ella, usted	_____
4. Nosotros, nosotras	_____
5. Vosotros, vosotras	_____
6. Ellos, ellas, ustedes	_____

4, 8, 10

7a Observa las siguientes palabras y escribe las letras que faltan.

l _u_ ne _s_   cie _l_ o   co__azón   m__rt__s   tierr__   m__ér__oles   lu__
jue__es   a__ma   vi__r__es   __á__ado   do__i__go

7b Mira las palabras del ejercicio anterior, algunas están en la canción y otras no.
Clasifícalas en la columna adecuada.

Están en la canción	No están en la canción
_____	____ _lunes_ ____
_____	_____
_____	_____
_____	_____
_____	_____
	_____

5

8 Escucha el audio y completa las frases.

1. Los lunes vamos a __*esa*__ sala de ordenadores.
2. _____ diccionarios son de Raquel.
3. Los miércoles usamos _____ ordenadores.

13, 14, 15

4. _____ lápiz es muy grande.
5. _____ servilletas son del comedor.
6. Los jueves Alejandro trae _____ cuaderno a clase.

4

9 Relaciona las preguntas de la columna de la izquierda con las respuestas de la derecha.

1. ¿El lavabo, por favor?

2. ¿Dónde está la biblioteca?

3. ¿La sala de profesores?

4. ¿Dónde está la sala de ordenadores?

5. ¿El vestuario, por favor?

a. Para ir a la sala de profesores, giras a la derecha y la primera puerta.
b. Sigues todo recto y la tercera puerta a la izquierda es la biblioteca.
c. Sigues por el pasillo y al final está el lavabo.
d. Bajas por las escaleras y sigues por el pasillo. Al final está el vestuario.
e. Para ir a la sala de ordenadores, sigues recto y la tercera puerta de la derecha.

11, 12

• En España se dice **vestuario**.
• En México se llama **vestidor**.

4

11, 12

10a Mira el plano. Estás en la entrada del instituto y un chico te pregunta cómo ir al gimnasio y al comedor. Escribe las indicaciones.

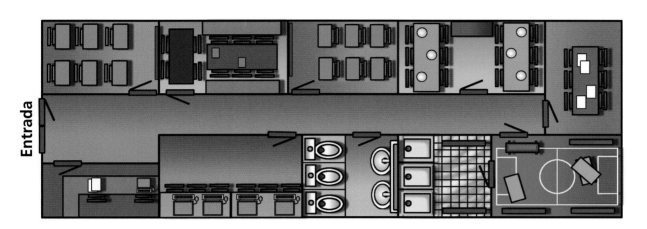

Entrada

10b Dibuja un plano con tu compañero. Elige una sala y dale las indicaciones para llegar. Tu compañero tiene que adivinar qué sala es.

11a Completa con la forma verbal adecuada del verbo *comer.*

6

17, 18

comes	coméis	como	comemos	comen

Yo _como_   Él, ella, usted _____   Vosotros, -as _____

Tú _____   Nosotros, -as _____   Ellos, -as, ustedes _____

11b Completa la siguiente tabla con las palabras del recuadro.

	Vivir
yo	
	vives
él, ella, usted	
	vivimos
vosotros, vosotras	
	viven

ellos, ellas, ustedes
vivís
tú
vivo
nosotros, nosotras
vive

11c Lee las frases y escribe la forma verbal adecuada en presente del verbo indicado entre paréntesis.

1. Manuel (*llamar*) _llama_ por teléfono a Francisco.
2. Yo (*comer*) _____ patatas fritas.
3. Raquel (*bailar*) _____ todos los días.
4. Francisco y José (*salir*) _____ del instituto.
5. Raquel (*cantar*) _____ una canción.

3

3, 4, 5, 6

12   Escucha y completa los siguientes diálogos con las palabras del cuadro.

> sala   conferencia   de   qué
> comedor   a   una
> siete   hora

1
- ¿A qué hora abren el _comedor_?
- A la _____ del mediodía.
- ¿Y a qué _____ cierran?
  A las tres de tarde.

2
- ¿A qué hora empieza la _____?
- A las _____ de la tarde.
- ¿Y a _____ hora termina?
  A las nueve de la noche.

3
- ¿A qué hora abre la _____ de música?
- La sala _____ música abre de once de la mañana _____ dos de la tarde.

7, 9, 10, 11

13   Escucha el diálogo. Luego lee las frases e indica si las respuestas son verdaderas (V) o falsas (F).

	V	F
1. Hoy no hay clase.	☑	☐
2. El instituto está de obras.	☐	☐
3. Alejandro necesita dos libros.	☐	☐
4. El comedor está abierto.	☐	☐
5. La sala de ordenadores está abierta.	☐	☐
6. Raquel y Alejandro quedan esta tarde.	☐	☐

2

3, 4, 16

14   ¿Qué hace Teresa habitualmente? Lee el texto y escribe las palabras que faltan.

> regresa   fines   televisión
> mochila   instituto   días
> clases   tareas

Todos los (1)_días_ Teresa va al (2)_____. Ella acaba las (3)_____ a las seis de tarde. (4)_____ a casa. Teresa entra en su habitación y deja la (5)_____. Por la tarde Teresa ve la (6)_____ y merienda. Después hace las (7)_____ del instituto.
Los (8)_____ de semana, Teresa sale con sus amigos.

15a Observa las siguientes imágenes.

D.

F.

E.

B.

C.

A.

15b Ahora relaciona las frases con las fotos del ejercicio anterior.

Este estuche: Foto _B_

Ese estuche: Foto _____

Aquel estuche: Foto _____

Esta mochila: Foto _____

Esa mochila: Foto _____

Aquella mochila: Foto _____

16 Lee las frases y señala la opción más adecuada.

1. Por *el* / *la* mañana voy al instituto.
2. Pedro y María llegan a casa a las diez *al* / *de* la noche.
3. *Al* / *El* mediodía comemos en casa.
4. Manuel hace las tareas *por* / *al* la tarde.
5. Carmen va a clase *por* / *de* la tarde.
6. Mi padre no trabaja *por* / *al* mediodía.

 13, 14, 15

 16

1 **Pedir a alguien una cosa**

Para pedir a alguien una cosa se utilizan las siguientes expresiones:
- 💬 *¿Tienes un bolígrafo?*
- 💬 *¿Me prestas tu teléfono?*
- 💬 *¿Tienes un diccionario, por favor?*
- 💬 *Por favor, ¿me prestas una hoja?*

Para responder afirmativamente se usan:
- 💬 *Sí, toma.*
- 💬 *Sí, claro.*

Y para responder de forma negativa se utilizan:
- 💬 *No, lo siento.*
- 💬 *No, es que no tengo.*

2 **Hablar de acciones habituales**

Todos los +
- días
- meses
- años
- (días de la semana en plural: lunes, martes...)

Todas las +
- mañanas
- tardes
- noches
- semanas

+ [presente de indicativo]

Por la +
- mañana
- tarde
- noche

Normalmente

Los +
- (días de la semana en plural: lunes, martes...)
- (días de la semana en plural) + por las mañanas

Todos los sábados escribo correos electrónicos.
Todas las tardes veo la televisión.
Por la tarde, las clases empiezan a las tres.
Normalmente acabo los deberes a las siete de la tarde.
Los viernes tenemos gimnasia.
Los domingos por la mañana quedamos en el garaje.

3 **Hablar de horarios**
- 💬 *¿A qué hora empieza la clase de química?*
- 💬 *A las diez de la mañana.*
- 💬 *¿A qué hora cierran el gimnasio?*
- 💬 *A las nueve de la noche.*
- 💬 *¿A qué hora abre la biblioteca?*
- 💬 *Abre de diez de la mañana a dos de tarde.*

4 **Indicar cómo ir a un lugar**
- 💬 *¿Dónde está el laboratorio?*
- 💬 *Subes por las escaleras y es la segunda puerta de la izquierda.*
- 💬 *¿El vestuario, por favor?*
- 💬 *Sigues todo recto hasta el pasillo. Giras a la derecha y al final está el vestuario.*

5 Adjetivos demostrativos

Los adjetivos demostrativos indican la distancia que hay entre las personas que hablan y los objetos que nombran.

Los adjetivos demostrativos van delante de un nombre con el que concuerdan en género y número, como puedes ver en el esquema:

ADJETIVOS DEMOSTRATIVOS

Nombran algo que está...	masculino		femenino	
	singular	plural	singular	plural
...cerca del *yo*	*Este bolígrafo*	*Estos bolígrafos*	*Esta libreta*	*Estas libretas*
...cerca del *tú*	*Ese bolígrafo*	*Esos bolígrafos*	*Esa libreta*	*Esas libretas*
...lejos del *yo* y del *tú*.	*Aquel bolígrafo*	*Aquellos bolígrafos*	*Aquella libreta*	*Aquellas libretas*

Aquel bolígrafo

Ese bolígrafo

Este bolígrafo

6 Presente regular *-ar, -er, -ir*

En español, todos los verbos regulares terminan en *–ar*, en *-er*, o en *–ir*. Para formar el presente de indicativo, eliminas *–ar*, *-er* o *–ir* del verbo en infinitivo y añades la terminación de la persona que quieres formar, por ejemplo la de la 1.ª persona del singular [*-o, (yo)*]:
- cantar: cant**ar** = cant **–ar** = cant + **-o** = canto
- comer: com**er** = com **–er** = com + **-o** = como
- escribir: escrib**ir** = escrib **–ir** = escrib + **-o** = escribo

A continuación, tienes el presente de indicativo regular. Fíjate en las terminaciones.

	CANTAR	COMER	ESCRIBIR
yo	cant**o**	com**o**	escrib**o**
tú	cant**as**	com**es**	escrib**es**
él, ella, usted	cant**a**	com**e**	escrib**e**
nosotros, nosotras	cant**amos**	com**emos**	escrib**imos**
vosotros, vosotras	cant**áis**	com**éis**	escrib**ís**
ellos, ellas, ustedes	cant**an**	com**en**	escrib**en**

El presente de indicativo se utiliza para hablar de acciones habituales en presente. *Isabel* **estudia** *todos los días.*

7 Expresiones de tiempo

Por la tarde *leo un libro.*
Llegaron a la ciudad ***de madrugada.***
Al mediodía *la sala de ordenadores está cerrada.*

Por la + { mañana / tarde / noche } De + { día / noche / mañana }

Al mediodía

Comprueba qué has aprendido en esta lección

1. ¿De quién es _____ libro?
   a. este
   b. esta
   c. esa

2. _____ los días voy al instituto.
   a. Todas
   b. Todos
   c. Todo

3. Manuel _____ en casa.
   a. desayunan
   b. desayuna
   c. desayunas

4. ¿_____ el sacapuntas?
   a. Me prestas
   b. Te prestas
   c. Me presto

5. ¿A _____ hora sales del instituto?
   a. qué
   b. cuál
   c. cómo

6. La película empieza a las diez _____ la noche.
   a. en
   b. por
   c. de

7. Raquel _____ a sus amigos.
   a. ayudas
   b. ayuda
   c. ayudo

8. 🗨 Isabel, ¿dónde está el comedor?
  🗨 _____ por la escalera y la segunda puerta de la izquierda.
   a. Subo
   b. Bajo
   c. Bajas

9. Alejandro, ¿_____ una hoja?
   a. tienes
   b. tienen
   c. tengo

10. Teresa estudia informática todas _____ tardes.
   a. la
   b. el
   c. las

11. _____ mediodía vamos al comedor.
   a. Al
   b. Del
   c. El

12. _____ Olga no hace las tareas.
   a. Los
   b. Todos
   c. Normalmente

13. _____ libreta es de Antonio.
   a. Aquella
   b. Aquel
   c. Ese

14. María _____ en casa todos los lunes.
   a. comes
   b. comen
   c. come

Vas a aprender

- A dar y pedir la dirección.
- A describir las partes de una casa.
- A localizar en un espacio interior.

¿Dónde vive Teresa? ¿Y Raquel? ¿Y el resto de nuestros amigos? ¿Cómo son sus casas? ¿Y sus habitaciones? ¡Descúbrelo! Además, en esta lección nuestros amigos buscan un lugar para ensayar.

Observa la siguiente historieta y lee el diálogo.

Los muchachos quieren ensayar en grupo. Se reúnen en un bar y hablan de cómo son sus casas.

Escucha el diálogo completo.

1a

A continuación, tienes unas frases del diálogo. Léelas y relaciona la pregunta con la respuesta. Si necesitas ayuda, vuelve a leer o a escuchar el diálogo.

1.
¿Dónde vives, Teresa?

2.
¿Y tú, Raquel?

3.
Tú, Isabel, ¿dónde vives?

a.
En la plaza María Luisa.

b.
En la avenida Central.

c.
En la calle San Jorge.

1b

Lee las frases y marca la opción adecuada.

1. La casa de Manuel es...
   ☐ bastante grande   ☑ muy grande
2. La casa de Manuel tiene...
   ☐ cinco habitaciones   ☐ cuatro habitaciones
3. En casa de Manuel, hay...
   ☐ dos cuartos de baño   ☐ un cuarto de baño
4. La casa de Manuel tiene...
   ☐ una terraza   ☐ tres terrazas
5. En la casa de Manuel hay...
   ☐ dos balcones   ☐ un balcón

- En España se dice **armario**.
- En México se dice **ropero** o **closet**.

2, 3, 4

1c

Pon las palabras en la columna adecuada.

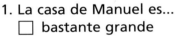

un sofá	una silla	una nevera
un ordenador	una cama	una impresora
un armario	un escritorio	una ventana

En la habitación de Manuel...

hay	no hay
	un sofá

4, 5, 16, 17

2, 3, 4,
5, 9,
16, 17

2a Lee con atención el siguiente texto.

La casa de Teresa

Mi casa es grande. Tiene tres habitaciones, dos cuartos de baño, cocina, comedor, garaje y piscina.

En la cocina hay muebles, una mesa y cuatro sillas. El horno, la cocina, el lavavajillas, la lavadora y la nevera están en la cocina.

En el comedor hay unos sofás y un sillón. También hay una mesa, seis sillas, un armario y una televisión.

En mi habitación hay un armario muy grande. La habitación tiene una ventana. No es una habitación oscura, es muy luminosa. También hay una cama y un escritorio. El armario está a la izquierda de la ventana. Debajo de la ventana está el escritorio. La cama está a la derecha del armario y el ordenador está encima del escritorio.

2, 3, 4

2b Ahora contesta a las siguientes preguntas.

1. ¿Cómo es la casa de Teresa? ¿Grande o pequeña?
   La casa de Teresa es grande.

2. ¿Cuántas habitaciones tiene?

3. ¿Cuántos cuartos de baño hay?

4. ¿Dónde está la lavadora?

5. ¿Dónde hay un escritorio?

2c Coloca los siguientes objetos en cada habitación. Si necesitas ayuda, vuelve a leer el texto.

horno	televisión	lavavajillas	nevera
cocina	lavadora	sofá	sillón

Cocina	Comedor
horno	

3 Escucha los diálogos y escribe las palabras que faltan.

1

🗨 ¿ *Dónde* vives?

🗨 En la _____ Tola. ¿Y tú?

🗨 Yo en el _____ Calmo.

2

🗨 ¿Dónde _____ Mara?

🗨 Mara vive _____ la avenida Orlan.

🗨 ¿Y Pablo?, ¿_____ vive?

🗨 Pablo vive en la calle Disca, al lado del _____ Bolal.

3

🗨 ¿Dónde _____ Pedro y Óscar?

🗨 Pedro y Óscar viven en la _____ Lipa.

4a Escucha el audio y pon cada cosa en su sitio.

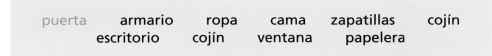

puerta	armario	ropa	cama	zapatillas	cojín
escritorio	cojín	ventana	papelera		

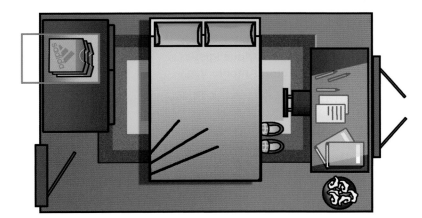

4b Ahora completa las frases con las palabras siguientes.

la derecha	debajo de la	izquierda	debajo
encima de	dentro del		lado

1. A la *izquierda* de la puerta hay un armario.
2. _____ armario está la ropa.
3. _____ la cama, hay dos cojines.
4. Las zapatillas están _____ cama.
5. El escritorio está _____ de la ventana.
6. Al _____ del escritorio, a _____, hay una papelera.

Canciones para un viaje

La chica de ayer

Un día cualquiera no sabes qué hora es,
te acuestas a mi lado sin saber por qué.
Las calles mojadas te han visto crecer
y en tu corazón estás llorando otra vez.

Me asomo a la ventana, eres la chica de ayer,
jugando con las flores en mi jardín.
Demasiado tarde para comprender,
chica, vete a tu casa, no podemos jugar.
La luz de la mañana entra a la habitación,
tus cabellos dorados parecen sol.

Luego por la noche al Penta a escuchar
canciones que consiguen que te pueda amar.

Me asomo a la ventana y eres la chica de ayer,
jugando con las flores en mi jardín,
demasiado tarde para comprender,
chica vete a tu casa no podemos jugar.

Me asomo a la ventana eres la chica de ayer
demasiado tarde para comprender.
Mi cabeza da vueltas persiguiéndote.

Del álbum: *Quizás*
Enrique Iglesias
Autor: Antonio Vega

5a Después de leer la canción, lee las siguientes afirmaciones e indica si son verdaderas (V) o falsas (F).

	V	F
1. Las calles están secas.	☐	☐
2. La chica de ayer se asoma al balcón.	☐	☐
3. Ellos no pueden jugar.	☐	☐
4. La luz de la mañana entra en el comedor.	☐	☐

5b Marca la opción correcta en las siguientes frases.

1. _____ día cualquiera.
   ☐ Una   ☑ Un

2. Eres la _____ de ayer.
   ☐ chica   ☐ chico

3. Las _____ mojadas.
   ☐ calles   ☐ avenidas

4. Me asomo a la _____.
   ☐ balcón   ☐ ventana

5. Chica, vete a tu _____.
   ☐ apartamento   ☐ casa

4, 5, 16, 17

6a Lee las siguientes palabras e indica cuáles están en la canción y cuáles no.

jardín	lavadora	ventana	alfombra
paseo	calles	lámpara	habitación
	casa		

Está	No está
jardín	

6b Ahora observa las imágenes y completa las palabras.

1. ca _sa___   2. jar____   3. flo____   4. lava____   5. lámpa____   6. alfom____

6c Lee las siguientes columnas de palabras y tacha la que no pertenezca a la serie.

Lugares	Partes de la casa	Objetos de la casa
plaza	habitación	alfombra
~~cama~~	balcón	silla
avenida	mueble	comedor
parque	garaje	mesa
lavabo	despacho	armario
calle	cocina	lavadora
dormitorio	pasillo	horno

7a Lee la pregunta y contesta marcando la opción correcta.

¿Dónde vive Enrique Iglesias?

☐ En Badajoz   ☐ En Miami

1

7b Relaciona las preguntas con las respuestas.

1. ¿Dónde vive Antonio?
2. ¿Dónde vives, María?
3. ¿Dónde vivís vosotras?
4. ¿Dónde viven Carlos y Olga?
5. ¿Dónde vive Enrique?

a. Carlos y Olga viven en la plaza del Carmen.
b. Enrique vive en la calle Diputación.
c. Vivo en la avenida Picasso.
d. Antonio vive en la plaza Urgel.
e. Nosotras vivimos en la calle Almor.

7c ¿Dónde vive tu compañero? ¿Cuál es su dirección? Pregúntale. Luego díselo al resto de la clase.

8a Cambia la palabra destacada por *un, una, unos, unas*. Fíjate, todas pertenecen a la canción

La ventana	*una ventana*
La chica	
Las flores	
Mi jardín	
La luz	
La mañana	
Las calles	
La habitación	
La noche	

8b Ahora clasifica las palabras del ejercicio anterior en la columna adecuada.

Un	Una	Unos	Unas
	ventana		

9a A continuación, tienes un fragmento extraído de la canción. Léelo con atención y luego contesta a las preguntas.

Me asomo a la ventana, eres la chica de ayer,
jugando con las flores en mi jardín.
Demasiado tarde para comprender,
chica, vete a tu casa, no podemos jugar.
La luz de la mañana entra a la habitación,
tus cabellos dorados parecen sol.

Luego por la noche al Penta a escuchar
canciones que consiguen que te pueda amar.

¿Hay alguna contracción (*al, del*)?   ¿Dónde?

9b   Completa las frases con las palabras del cuadro.

| luminoso | poco | muy | oscura | demasiado |

1. Mi casa es _muy_ bonita.
2. Mi casa tiene cinco habitaciones y tres cuartos de baño. Yo necesito una casa con dos habitaciones. Ésta es _____ grande.
3. Esta habitación es un poco _____.
4. El cuarto de baño es muy _____.
5. La cocina es un _____ pequeña.

9c   Relaciona los siguientes objetos que puedes encontrar en tu cocina con los verbos *hay* o *está(n)*.

| un armario   la lavadora   el horno   dos televisiones |
| muchas sillas   la nevera |

En la cocina...

hay...	está...

- En España se dice **nevera**.
- En México se dice **refrigerador**.
- En Argentina se dice **heladera**.

9d   Ahora escucha el diálogo y luego complétalo con las palabras del cuadro.

ALEJANDRO: ¿Dónde está la televisión?
TERESA: La televisión está (1)_____ el armario.
ALEJANDRO: Y el armario, ¿dónde está?
TERESA: Está (2)_____ del sofá.
ALEJANDRO: ¿Y el sofá?
TERESA: (3)_____ del sillón.
ALEJANDRO: ¿Y (4)_____ del sillón qué hay?
TERESA: Hay una mesa.

| a la izquierda |
| al lado |
| delante |
| en |

9e   El chico de la canción está en una casa con jardín. ¿En tu casa hay jardín? Cuenta a tu compañero cómo es tu casa.

4, 5,
16, 17

10 Relaciona las imágenes con las palabras del cuadro.

| silla | mesa | ordenador | sofá | cama | sillón |

1. _sillón_

2. _____

3. _____

4. _____

5. _____

6. _____

6

6, 7,
8, 9

11 Lee las siguientes frases y complétalas con *hay* o *está(n)*.

1. En la habitación __hay__ un armario.
2. La televisión _____ en el comedor.
3. En mi habitación _____ poco espacio.
4. En mi casa _____ tres habitaciones.
5. En el comedor _____ muchas sillas.
6. La nevera _____ en la cocina.
7. El horno y la cocina _____ en la cocina.

5

11, 12,
13

12 Elige la opción más adecuada.

1. _____ sillón.
   - ☑ Un   ☐ Una   ☐ Unos   ☐ Unas
2. _____ cama.
   - ☐ Un   ☐ Una   ☐ Unos   ☐ Unas
3. _____ sofás.
   - ☐ Un   ☐ Una   ☐ Unos   ☐ Unas
4. _____ armarios.
   - ☐ Un   ☐ Una   ☐ Unos   ☐ Unas
5. _____ escritorio.
   - ☐ Un   ☐ Una   ☐ Unos   ☐ Unas
6. _____ sillas.
   - ☐ Un   ☐ Una   ☐ Unos   ☐ Unas
7. _____ televisión.
   - ☐ Un   ☐ Una   ☐ Unos   ☐ Unas

13a Observa el plano y completa las frases.

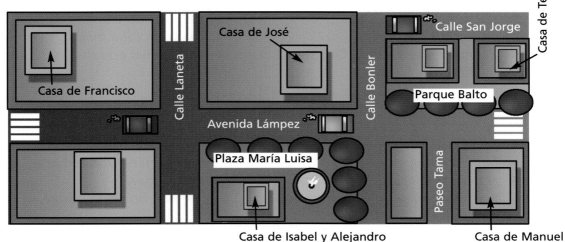

Casa de Teresa

Casa de José

Calle San Jorge

Casa de Francisco

Calle Laneta

Calle Bonler

Parque Balto

Avenida Lámpez

Plaza María Luisa

Paseo Tama

Casa de Isabel y Alejandro

Casa de Manuel

1. _Francisco_ vive en la _____ Laneta.
2. _____ vive en la _____ Lámpez.
3. Teresa vive en la _____ San Jorge.
4. _____ vive en el _____ Tama.
5. _____ y _____ viven en la _____ María Luisa.

13b Escucha el diálogo entre José y Francisco y luego completa las frases.

1. La casa de José es _muy_ grande.
2. Su casa es _____ luminosa.
3. El cuarto de baño es un _____ pequeño.
4. Los sofás son _____ cómodos.
5. La mesa es _____ grande.
6. La habitación de José es un _____ pequeña.

14 Las siguientes palabras están desordenadas. Escríbelas de forma correcta. Luego escucha el audio para comprobar tus respuestas.

1. perqau _____parque_____
2. pzala _____
3. llaec _____
4. daviane _____
5. opeas _____

15 En cada frase hay un error. Descúbrelo y escribe la frase correctamente.

1. Debajo de el sillón hay un lápiz.   _Debajo **del** sillón hay un lápiz._
2. A el lado de la mesa están las sillas.   _____
3. Detrás de el armario hay un papel.   _____
4. Encima de el ordenador está la libreta. _____
5. Debajo de el escritorio está la papelera. _____
6. A el lado de la televisión hay unas llaves. _____

① Pedir y dar la dirección

Informal	Formal
💬 *¿Dónde vives?*	💬 *¿Dónde vive?*
💬 *En la calle Carsime. Y ¿tú?*	💬 *En la calle Inlior. ¿Y usted?*
💬 *Yo vivo en la avenida Orlame.*	💬 *Yo vivo en la avenida Alpica.*

② Describir las partes de una casa

💬 *¿Cómo es tu casa?*
💬 *Mi casa es muy grande. Tiene cuatro habitaciones, comedor y cocina.*   💬 *¿Tiene terraza?*
💬 *¿Cuántos cuartos de baño hay?*   💬 *Sí, tiene una terraza.*
💬 *En mi casa hay un cuarto de baño.*   💬 *¿Y garaje?*
💬 *No, no tiene garaje.*

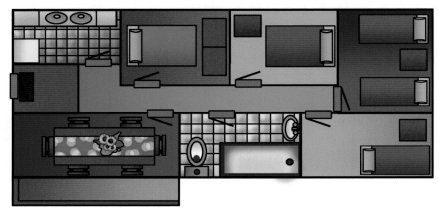

③ Localizar objetos en un espacio interior

Para localizar algo o a alguien en un espacio interior se usan las siguientes expresiones:

encima   debajo   en   dentro   al lado   a la derecha   a la izquierda

*La televisión está **encima** de la mesa.*
***Debajo** de la mesa hay una papelera.*
*Los libros están **en** la estantería.*
*Los platos están **dentro** del armario.*

***Al lado** del sofá hay un baúl.*
***A la derecha** del sillón está el armario.*
***A la izquierda** de la mesa hay una silla.*

④ Contracciones: *al, del*

Cuando la palabra ***a*** (preposición) está delante de ***el*** (artículo determinado masculino singular), la palabra ***el*** se convierte en ***al***.

a + el = al   *A el lado de la nevera = **Al** lado de la nevera*

Si la palabra ***de*** (preposición) está delante de ***el*** (artículo determinado masculino singular), la palabra ***de*** pasa a ***del***.

de + el = del   A la izquierda *de el* sillón = A la izquierda ***del*** sillón

⑤ Artículos indeterminados

Para hablar de un objeto desconocido, se usa el artículo indeterminado. Siempre va acompañado de un nombre y concuerda con éste en género y número.
A continuación, tienes los artículos indeterminados, fíjate en la concordancia:

	ARTÍCULOS INDETERMINADOS	
	masculino	**femenino**
singular	*un* armario	*una* alfombra
plural	*unos* armarios	*unas* alfombras

⑥ Contraste entre *hay* y *está(n)*

Hay + { un, una, unos, unas / dos, tres, cuatro,... / mucho, -a, -os, -as / poco, -a, -os, -as } + [nombre] + [localización]

🗨 *¿**Hay una** silla en la cocina?*
🗨 *Sí, **hay tres** sillas en la cocina.*

El, la, los, las, + [nombre] + *está(n)* + [localización]

🗨 *¿Dónde **está la** comida?*
🗨 ***La** comida **está** en la nevera.*

⑦ Adverbios de cantidad + [adjetivo]

Para hablar de cantidades se utilizan las siguientes palabras:

muy   demasiado   bastante   poco

Estas palabras se llaman adverbios de cantidad y van acompañadas de un adjetivo:

muy, demasiado, bastante, poco + [adjetivo]

*Mi habitación es **muy pequeña.***
*El lavabo es **demasiado oscuro.***
*El sofá es **bastante cómodo.***
*El comedor es un **poco pequeño.***
*La cocina es **demasiado larga.***
*La nevera es **bastante grande.***
*Las mesas son un **poco estrechas.***

Comprueba qué has aprendido en esta lección

1. ¿Dónde _____ tú?
- **a.** vives
- **b.** vivo
- **c.** vive

2. En el comedor _____ un armario.
- **a.** está
- **b.** hay
- **c.** están

3. La habitación es _____ oscura.
- **a.** demasiados
- **b.** demasiada
- **c.** demasiado

4. La mesa está _____ lado de la silla.
- **a.** al
- **b.** el
- **c.** a el

5. Hay _____ teléfono en la habitación.
- **a.** una
- **b.** un
- **c.** unos

6. La lavadora _____ en la cocina.
- **a.** está
- **b.** hay
- **c.** están

7. A la _____ de la televisión está el sillón.
- **a.** debajo
- **b.** derecha
- **c.** encima

8. El papel está dentro _____ cajón.
- **a.** de
- **b.** del
- **c.** el

9. La silla es un _____ pequeña.
- **a.** poco
- **b.** pocos
- **c.** poca

10. Tu casa _____ cuatro habitaciones.
- **a.** tienes
- **b.** tienen
- **c.** tiene

11. En casa de Pablo hay tres cuartos de _____.
- **a.** habitaciones
- **b.** baño
- **c.** lavabo

12. _____ del armario hay una caja.
- **a.** Izquierda
- **b.** Lado
- **c.** Encima

13. Vivo en la _____ Ladispa.
- **a.** calle
- **b.** avenidas
- **c.** parque

14. La ropa _____ en el armario.
- **a.** están
- **b.** está
- **c.** hay

Tu REVISTA

Año I • Número 2

Dos *carnés* para viajar y disfrutar

Ocio, cultura y viajes a mitad de precio

Aprovecha sus ventajas

Aprende con *Internet*

Descubre el aula de informática

Actividades sorprendentes

Conserva a tus *amigos*

Recomendaciones para llevarse bien con los amigos

Consejos para convivir

Dos carnés para viajar y disfrutar

¿Conoces el *carné de estudiante internacional?*

¿Y el *carné del joven viajero internacional?*

Estos dos carnés son muy prácticos para ahorrar dinero en cines, museos, discotecas, exposiciones, restaurantes y bares.

Jóvenes de todas las nacionalidades usan los carnés en más de 100 países de todo el mundo. ¿Todavía no los tienes? ¿A qué esperas para disfrutar de sus ventajas?

¿Cómo conseguir los carnés?

Muy sencillo: busca en tu ciudad una oficina del ISIC (International Student Identity Card), lleva dos fotografías, demuestra que eres estudiante y... ¡Misión cumplida!

¿Qué hacer?

Francisco y Teresa nos cuentan qué hacen en un día con el carné de estudiante internacional

Visitar museos curiosos

Aprovecha el *carné de estudiante internacional.* Te proponemos tres museos muy especiales: el museo de Cera de Barcelona, el museo de la Luz de México D.F. y el museo de las Mariposas del mundo en Buenos Aires.

Viaja y practica español

¿Qué te parece conocer La Pirámide del Sol, en México? Hay muchos destinos esperándote. España, Argentina y México están más cerca con el *carné del joven viajero internacional.*

Por la mañana... Exposición de fotografías de animales salvajes (Entrada gratis).

Al mediodía... Comemos en el centro (20% de descuento).

Por la tarde... Vamos de compras (10% de descuento).

Por la noche... Vemos *Romeo y Julieta* en el Gran Teatro (20% de descuento).

Y mañana... Todo el día en el Parque de atracciones (50% de descuento).

Aprende con Internet

¿Tienes mucho tiempo libre? ¿Estás cansado de estudiar en la biblioteca? Hay otras maneras de aprender y repasar más divertidas. Seguro que hay un aula de informática en tu escuela, con ordenadores y conexión a Internet.
No pierdas más el tiempo, lee los consejos que te damos y conéctate.

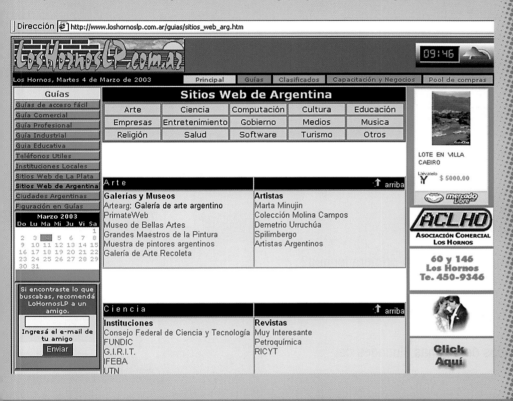

El tema de esta semana:
Conserva a tus amigos

Tengo 17 años y comparto una habitación un poco pequeña en una residencia de estudiantes. Mi consejo es muy sencillo: tened muy limpios los espacios compartidos, por ejemplo, la cocina.

Lidia Cuenca
México D.F. (México)

• • • • •

Hola, soy una estadounidense de 16 años. Estoy cansada de discutir con una amiga. Ella toma mi ropa sin pedir permiso.
No es muy difícil decir: «Olga, ¿me dejas tu blusa?».

Olga Lloyd
California (EE.UU.)

• • • • •

Hola, amigos, tengo 15 años y me llamo Luis. Mi consejo para hacer amigas y amigos siempre funciona. Es muy importante ser simpático desde el primer momento

Luis Olmo
La Habana (Cuba)

Próximo tema:
Música en directo

CURIOSIDADES

Chatea con hispanohablantes
Busca un chat de Argentina, España, México o Chile y preséntate. Es la mejor manera de practicar tu español.

Lee páginas web sencillas
Consulta páginas escritas en español. Es un método sencillo para ampliar tu vocabulario.

Viaja a través de la red por el mundo hispano
Busca reportajes fotográficos de países y ciudades de habla hispana.

ACTIVIDADES

DOS CARNÉS PARA VIAJAR Y DISFRUTAR

1 ¿Cuántas fotografías necesitas para conseguir los carnés?

Necesitas _____

2 ¿Dónde consigues descuentos con el *Carné de estudiante internacional*?

En _____, _____, _____,
_____, _____ y _____.

3 ¿Sabes dónde está la Pirámide del Sol?

La Pirámide del Sol _____.

4 ¿Conoces otros lugares famosos de Hispanoamérica? Pregunta a tus compañeros si saben dónde están?

APRENDE CON INTERNET

5 ¿Cómo se llama una persona que habla español como primera lengua?

Se llama _____.

6 Busca en Internet reportajes fotográficos de algunas ciudades del mundo hispano.

Conserva a tus amigos

7 ¿Conoces más espacios compartidos dentro de una casa?

_____
_____
_____
_____
_____
_____

PASATIEMPOS

8 Ayuda a Isabel a llegar hasta la escuela. ¿Conoces el nombre de los objetos que encuentra?

_____
_____
_____

ESCUELA

Me voy de viaje

Vas a aprender

- A hablar de planes para el futuro.
- Cómo dar instrucciones.
- A hablar de precios.
- Cómo reaccionar ante una noticia.

Llegan las vacaciones.
Algunos de nuestros
amigos se van a ir de
viaje.
Alejandro quiere hacer
un viaje por
Latinoamérica.
Manuel va a México para
ver a su familia y necesita
comprar algunas cosas
para llevar como regalo.

Observa la siguiente historieta y lee el diálogo.

Comienzan las vacaciones de invierno. Nuestros amigos hablan de sus viajes. Alejandro e Isabel van a esquiar en América Latina el año que viene.

Escucha el diálogo completo.

1, 2, 5

1a · **Responde a las siguientes preguntas.**

1. ¿Cuándo terminan las clases? _____
2. ¿Cuándo va Manuel a México? _____
3. ¿Cuándo va a comprar cosas para el viaje? _____
4. ¿Cuándo va Raquel a Argentina? _____
5. ¿Cuándo van a esquiar Isabel y Alejandro? _____

1b **Ordena temporalmente las acciones del ejercicio anterior.**

1. ___*Mañana*___
2. _____
3. _____
4. _____
5. _____

1c **Escucha otra vez el diálogo inicial y completa las frases con el verbo *ir*.**

1

MANUEL: (1)_____ a ver a mi abuela.

FRANCISCO: ¿Y tú qué (2)_____ a hacer en vacaciones?

ISABEL Y ALEJANDRO: Nosotros (3)_____ a esquiar el año que viene.

ISABEL: ¿Adónde (4)_____ a ir?

1d **Ahora completa las frases con el verbo *ir*.**

1. Manuel _____ a ver a su abuela.
2. Isabel y Alejandro _____ a esquiar.

• En España se dice **¡Qué bien!** para expresar alegría.
• En Hispanoamérica se dice **¡Qué bueno!**

2a **Lee el diario que escribe Manuel antes del viaje a México.**

1, 2, 5

Mi diario

Necesito preparar el viaje. Tengo que comprar cosas.

Mañana voy a comprar una revista de informática en un quiosco y galletas en el supermercado. También voy a mirar unos pantalones en una tienda.

Voy a la farmacia porque necesito aspirinas. Voy a buscar una agencia de viajes para comprar los **boletos** de avión.

El viaje es muy largo. Voy a mirar el precio de una consola y un reproductor de CD en la tienda de electrónica. También voy a comprar una tarjeta y voy a recargar el **celular**. Allá voy a hablar con mis amigos.

2b **¿En qué tienda va a comprar Manuel cada cosa?**

tienda de electrónica   billete de avión
supermercado   tarjeta de teléfono, consola y reproductor de CD

agencia de viajes   aspirinas
quiosco   pantalones
farmacia   galletas
tienda de ropa   revista

2c **¿Cómo se llaman estos objetos?**
Manuel menciona cuatro en su diario.

- En Hispanoamérica se dice **boleto**.
- En España se dice **billete**.

- En Hispanoamérica se dice **celular**.
- En España se dice **teléfono móvil**.

9

| refresco | CD de música |

1. _____ 2€   2. _____ 65 céntimos   3. _____ 95€

4. _____ 99€   5. _____ 15€   6. _____ 30€

2d **¿Y tú qué llevas cuando vas de viaje? Coméntalo con tus compañeros.**

3a Alejandro da instrucciones a Manuel. Escucha el diálogo y ordénalas.

[7] Vas al centro comercial.
☐ Subes a la primera planta.
☐ Miramos cuánto cuesta un viaje.

☐ Vemos los folletos en el garaje.
☐ Entras en la agencia de viajes.
☐ Pides folletos turísticos.

3b Escucha otra vez y responde.

1. ¿Dónde está la tienda de electrónica? _____
2. ¿Dónde está la agencia de viajes? _____
3. ¿Cuándo ven los folletos en el garaje? _____
4. ¿Por dónde quiere viajar Alejandro? _____

3c ¿Dónde se puede comprar en tu barrio una tarjeta para el teléfono móvil?
Da instrucciones a un amigo.

4a Alejandro pregunta a Manuel el precio de algunas cosas. Escucha y completa el
diálogo con las palabras del recuadro.

| cuesta | cinco | barata |
| cuestan | dos | caras |

ALEJANDRO: ¿Cuánto cuesta la tarjeta de
teléfono?
MANUEL: Treinta euros.
ALEJANDRO: ¡Qué cara! ¿Y cuánto
(1)_____ la consola?
MANUEL: Noventa y (2)_____
euros.
ALEJANDRO: Es (3)_____.
MANUEL: ¿Y cuánto (4)_____
las revistas?
ALEJANDRO: (5)_____ euros.
MANUEL: No son (6)_____.

4b Pregunta a tus compañero el precio de los
productos de la actividad 2c.

💬 ¿Cuánto **cuesta** este refresco?

Canciones para un viaje

Cancún y yo

Qué pena que no estés tú,
para que vieras qué mar,
qué agua tan más azul
y sus olas...

Qué pena que estés tan lejos,
y tú te pierdas este amanecer.
¡Ay! Qué pena.
Si supieras cómo está Cancún,
yo sola con tantas olas,
¡ay! que vienen y van.
Y yo sola, yo sola
como la luna, como el sol, como
el mar,
el mar...

Claro que extraño tus besos
y tu manera de amar...
Tu mirada, tus palabras, tus caricias,
tus sonrisas. Pero estás aquí.
Sin tus ojos, sin tu boca, sin tus manos,
sin tus cosas,
y el mar frente a mí... Cancún y yo.

CANCÚN

Del álbum: *Paulina*
Paulina Rubio
Autor: Alberto Aguilera Valadez

5a Tres de las siguientes palabras aparecen
en la canción. ¿Cuáles?

☐ río

☐ luna

☐ sol

☐ bosque

☐ mar

☐ montaña

5b Coloca las palabras en la foto correspondiente.

lugar histórico	playa
montañas	río

1. _____

2. _____

3. _____

4. _____

5c Lee la canción y elige la respuesta correcta.

1. ¿Qué expresión aparece en la canción?

☐ Qué barato   ☐ Qué pena   ☐ Qué bien

2. ¿Por qué?

☐ Va a viajar mucho   ☐ Tú estás lejos   ☐ Es muy caro

14, 15

5d Lee otra vez y responde a las preguntas.

1. ¿De qué color es el agua? _____
2. ¿Dónde está Cancún? _____
3. ¿Qué hacen las olas? _____
4. ¿Qué partes del cuerpo menciona? _____

2, 5, 13,
16, 18, 19

6a Manuel escribe una postal a sus amigos. Léela.

Queridos amigos,

¿Cómo están? Ahora estoy en México. México es muy grande. Es un país muy bonito. Hay mucha gente. La gente habla español. Mis abuelos viven aquí.

En nuestro país tenemos muchas cosas. Hay playas, montañas y desiertos. Hay un río muy largo, se llama Río Bravo. Hay montañas muy altas como el Pico de Orizaba y muchos bosques. También tiene importantes lugares históricos. Voy a viajar mucho. Voy a visitar la Cascada de Baseachi con mi familia. También voy a ir en **carro** a Chichén Itzá, una ciudad maya.

- En México, Centroamérica, Colombia y Venezuela se dice **carro**.
- En Argentina y Chile se dice **auto**.
- En España se dice **coche**.

6b Responde a las preguntas.

1. ¿Cómo es México? _____
2. ¿Qué lengua hablan en México? _____
3. ¿Qué hay en México? _____
4. Di el nombre de un río y de una montaña de México. _____
5. Di el nombre de un lugar histórico. _____
6. ¿Cuánto va a viajar? _____

6c Haz una pequeña descripción de tu país.

Mi país está en _____
Mi país es _____
Mi país tiene _____
En mi país hay _____

7a Coloca las siguientes palabras en el lugar correcto.

ir en tren   ir en barco   ir en autobús   ir en avión   ir en coche

1. _____

2. _____

3. _____

4. _____

5. _____

7b Lee las siguientes frases. Fíjate en cómo se usa *a* y *en*.

José va **en**  **a** Colombia.

Teresa va **en**  **al** instituto.

Va a ir **en** el de su padre **a** la playa.

Va a ir **en** **a** su ciudad.

Yo voy a ir **en** **a** las Islas Canarias.

- En México se va en **camión** dentro de la ciudad y en **autobús** para viajar entre ciudades.
- En España se va en **autobús** dentro de la ciudad y en **autocar** para viajar entre ciudades.

7c Completa las frases.

1. Yo voy _____ Argentina _____ avión.
2. Mi amigo va _____ tren _____ la playa.
3. Mi padre va _____ bosque _____ coche.
4. ¿Vas a ir _____ barco o _____ avión?

en

a

Tu pasaporte

13, 17, 18

8 Completa las frases con los verbos *ser* o *estar*.

1. México ___es___ muy grande.
2. Argentina _____ muy bonita.
3. Colombia _____ en América del Sur.
4. El Amazonas y Río Bravo _____ ríos muy largos.
5. España _____ en Europa.
6. Argentina y Chile _____ en América del Sur.

3

9a Coloca los meses en el orden correcto.

1. _____   7. _____

2. _____   8. _____

3. _____   9. _____

4. _____   10. _____

5. _____   11. _____

6. _____   12. _____

México y España están en el hemisferio norte. Argentina y Chile están en el hemisferio sur. Durante los meses de diciembre, enero y febrero es verano en Argentina y en Chile, pero en España y en México es invierno. Durante los meses de junio, julio y agosto es invierno en Argentina y en Chile, y verano en España y en México.

mayo   enero   junio   marzo
abril   julio   noviembre
agosto   febrero   septiembre
diciembre   octubre

9b Responde a las siguientes preguntas.

1. ¿Qué meses tienen treinta días? _____
2. ¿Qué meses tienen treinta y un días? _____
3. ¿Qué mes tiene veintiocho o veintinueve días? _____
4. ¿Cuándo es verano en Argentina? _____ ¿Y en México?
   _____
5. ¿Cuándo es invierno en Chile? _____ ¿Y en España?
   _____
6. ¿En qué meses tienes tú vacaciones? _____
7. ¿Cuándo son las fiestas de Navidad en tu colegio? _____

16

10 Completa el cuestionario sobre tus compañeros de clase.

1. ¿Quién habla mucho en tu clase? _____
2. ¿Quién habla poco? _____
3. ¿Quién viaja mucho? _____
4. ¿Quién viaja poco? _____
5. ¿Quién estudia poco? _____
6. ¿Quién estudia mucho? _____

4

11a Busca en el recuadro el nombre de los números. Las letras **destacadas** te ayudarán.

10, 11

20 _____ 60 _____

30 _____ 70 _____

40 _____ 80 _____

50 _____ 90 _____

veinte	**tre**inta	**cua**renta
	cincuenta	**ses**enta
setenta	**och**enta	**nov**enta

11b Escribe el nombre de estos números.

84 _____ 37 _____

21 _____ 59 _____

72 _____ 66 _____

11c Escribe el resultado de estas operaciones matemáticas.

12%

$\sqrt{4577,34}$

123 x 1880

367,29/32 = ?

$$26 + 15 = 41$$
$$84 - 23 = 61$$

32x + 20z = 80

3a x 5b = 1/5

1. veintiséis **y** quince **son** _____cuarenta y uno_____
2. ochenta y cuatro **menos** veintitrés **son** _____sesenta y uno_____
3. treinta y cuatro **y** doce **son** _____
4. cincuenta y cinco **y** once **son** _____
5. setenta y siete **menos** treinta y cuatro **son** _____
6. trece **y** catorce **son** _____

12 ¿Qué vas a hacer próximamente? Escribe un texto usando el vocabulario que has aprendido en esta lección. Después, explícalo a tus compañeros.

1

1, 2, 5

🗨 _El año que viene **yo voy a ir**_ _____
_____

También **voy a hacer** _____
_____
_____

1 Hablar de planes para el futuro

Yo **voy**
Tú **vas**
Él / ella / usted **va**
Nosotros **vamos**
Vosotros **vais**
Ellos / ellas / ustedes **van**
$\left.\right\}$ + *a* + **[infinitivo]**

💬 *¿Qué **vas a hacer** en vacaciones?*
💬 ***Voy a ir** a Chile.*

Expresiones que indican futuro.

mañana

el martes
la semana
el mes
el año
$\left.\right\}$ + *que viene*

2 Dar instrucciones

Se pueden dar instrucciones con verbos en presente.

💬 ***Vas** a la agencia de viajes y **preguntas** el precio.*
💬 ***Vienes** al garaje y **hablamos** todos.*

3 Hablar de precios

Se usa el verbo *costar* para preguntar el precio de algo. Se usa la forma *cuesta* si se refiere a una cosa.

💬 *¿Cuánto **cuesta** ese CD?*
💬 *Diecisiete euros.*

Se usa la forma *cuestan* si se refiere a varias cosas.

💬 *¿Cuánto **cuestan** estas galletas?*
💬 *Ochenta céntimos.*

④ Los números (20-100)

Los números se escriben con una palabra hasta el 30. Del 31 en adelante se escriben con dos palabras.

20 veinte	30 treinta	40 cuarenta
21 veintiuno	31 treinta y uno	41 cuarenta y uno
22 veintidós	32 treinta y dos	42 cuarenta y dos
23 veintitrés	33 treinta y tres	...
24 veinticuatro	34 treinta y cuatro	50 cincuenta
25 veinticinco	35 treinta y cinco	60 sesenta
26 veintiséis	36 treinta y seis	70 setenta
27 veintisiete	37 treinta y siete	80 ochenta
28 veintiocho	38 treinta y ocho	90 noventa
29 veintinueve	39 treinta y nueve	100 cien

⑤ Reaccionar ante una noticia

Expresar sorpresa.
> 🗨 *Ah, ¿sí?*

Expresar alegría.
> 🗨 *¡Qué bien!*

Expresar tristeza.
> 🗨 *¡Qué pena!*

Dar una valoración sobre una cosa.
> 🗨 *¡Qué barata!*
> 🗨 *¡Qué bonito!*
> 🗨 *No es caro.*
> 🗨 *Es barata.*

⑥ Las preposiciones *a* y *en*

Ir + a + [lugar]　　　　**Ir + en + [transporte]**

> 🗨 *Voy **a** la playa **en** tren.*

⑦ Los verbos *ser* y *estar*

Ser + [adjetivo]　　　　**Estar + en + [lugar]**

> 🗨 *Es grande.*　　　　> 🗨 *Está en Colombia.*

⑧ *Mucho / poco*

$$[\text{verbo}] + \begin{cases} poco \\ mucho \end{cases}$$

> 🗨 *Comes **poco**.*

> 🗨 *Hablas **mucho**.*

Comprueba qué has aprendido en esta lección

1. 💬 Voy a ver a mi abuela.
   💬 _____
   a. ¡Qué barato!
   b. Ah, ¿sí?
   c. Es caro.

2. 💬 ¿Cuántos días tiene enero?
   💬 _____.
   a. Treinta
   b. Treinta y uno
   c. Veintinueve

3. La semana que viene voy _____ la montaña.
   a. en
   b. de
   c. a

4. Veintiocho y once son _____.
   a. treinta y nueve
   b. treinta y siete
   c. cuarenta y ocho

5. España _____ muy bonita.
   a. es
   b. eres
   c. está

6. 💬 No puedo viajar.
   💬 _____
   a. ¡Qué caro!
   b. ¡Qué pena!
   c. Sí.

7. 💬 ¿Cuánto cuesta la revista?
   💬 95 céntimos.
   💬 ¿_____?
   💬 Sí.
   a. Cincuenta y nueve
   b. Noventa y cinco
   c. Ochenta y cinco

8. Chile _____ en América del Sur.
   a. tiene
   b. es
   c. está

9. 💬 ¿Cómo vas al instituto?
   💬 Voy _____ autobús.
   a. a
   b. en
   c. de

10. ¿Cuánto _____ estos refrescos?
    a. cuestan
    b. costar
    c. cuesta

11. Treinta y siete y cuarenta y ocho son
    _____.
    a. ochenta y tres
    b. noventa y cuatro
    c. ochenta y cinco

12. 💬 ¿Qué _____ a hacer ustedes la semana que viene?
    💬 Nosotros _____ a esquiar.
    a. van / vamos
    b. voy / vas
    c. vas / van

13. 💬 ¿Cuándo va a comprar el teléfono móvil?
    💬 La _____ que viene.
    a. mañana
    b. semana
    c. jueves

14. ¿_____ cuesta el billete de avión?
    a. Cuánto
    b. Cómo
    c. Cuándo

Vas a aprender

- Cómo hablar del pasado.
- A agradecer.
- Cómo disculparte.
- A hablar del carácter.

Los muchachos vuelven de vacaciones y se cuentan qué cosas hicieron. También comentan sus aficiones y a qué dedican su tiempo libre.

Observa la siguiente historieta y lee el diálogo.

Nuestros amigos se reúnen en casa de Isabel y Alejandro y van al parque. Hablan de sus vacaciones.

¿Cómo fueron las vacaciones? ¿Fuiste a México?

Yo estuve en Argentina.

Sí, fueron estupendas. Estuve en muchos sitios.

¿Viajaste por el país?

Sí, viajé mucho.

¡Qué bien!

Aquí tengo las fotos. Toma.

Gracias.

¿Y tú, Francisco, que hiciste?

¡Qué bonito!

Yo estuve en la montaña. Esquié, monté a caballo y paseé.

Escucha el diálogo completo.

¿Por qué no escribiste?

Lo siento. Me olvidé.

¿Y tú, José?

Yo estuve en casa. Escuché música y estudié. También busqué en Internet lugares para visitar en América Central.

1a

Escribe al lado de los siguientes verbos la forma verbal que aparece en el diálogo.

1. Ir (*las vacaciones*) __fueron__
2. Ir (*tú*) _____
3. Estar (*yo*) _____
4. Viajar (*tú*) _____
5. Viajar (*yo*) _____
6. Hacer (*tú*) _____
7. Esquiar (*yo*) _____

8. Montar (*yo*) _____
9. Pasear (*yo*) _____
10. Escribir (*tú*) _____
11. Olvidar (*yo*) _____
12. Escuchar (*yo*) _____
13. Estudiar (*yo*) _____
14. Buscar (*yo*) _____

1, 2, 3, 4, 5, 17

1b

Relaciona las frases.

- Aquí tengo las fotos. Toma.
- ¿Por qué no escribiste?

- Lo siento.
- Gracias.

10, 11, 12, 13

1c

¿Cómo se dice *lo siento* en tu idioma? ¿Cómo se dice *gracias*?

_____

_____

1d

Coloca debajo de cada nombre las actividades que hicieron.

| esquiar | escuchar música | estudiar |
| montar a caballo | buscar en Internet | pasear |

Francisco

_____
_____
_____

José

_____
_____
_____

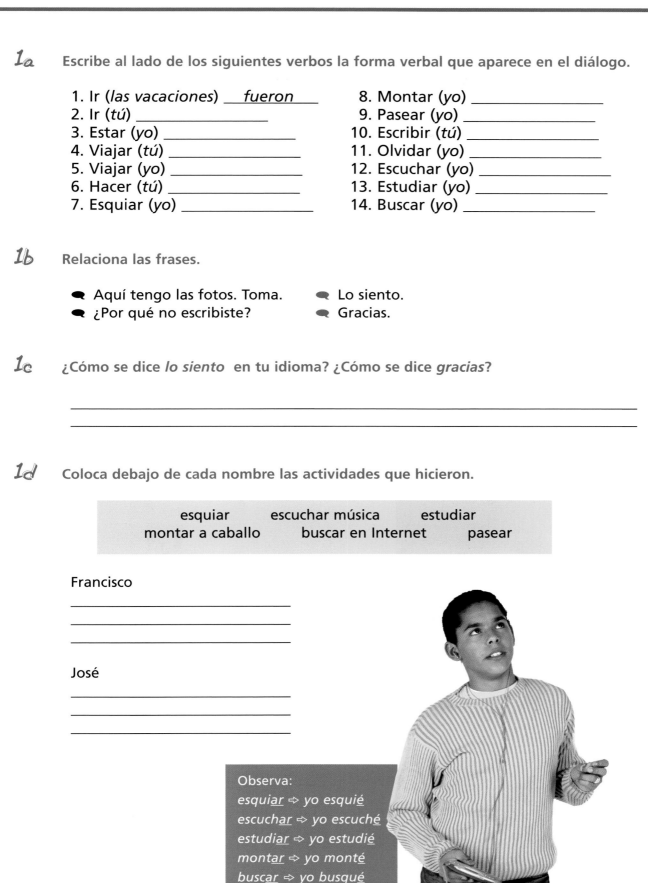

Observa:
esqui**ar** ⇨ yo esqui**é**
escuch**ar** ⇨ yo escuch**é**
estudi**ar** ⇨ yo estudi**é**
mont**ar** ⇨ yo mont**é**
busc**ar** ⇨ yo busq**ué**
pase**ar** ⇨ yo pase**é**

2a Lee el texto y escribe un número al lado de las fotos que indique el orden en que se mencionan.

En las vacaciones pasadas, Raquel fue a Argentina. Allí estuvo con su familia. Viajó al sur, donde hizo varias excursiones. Fue a la Patagonia. Allí está el glaciar Perito Moreno. Es un lugar precioso. También fue a una playa desde donde se puede oír y ver a las ballenas. También montó a caballo y en bicicleta.

Raquel visitó el barrio de La Boca, en Buenos Aires. Allí también tomó mate. Muchas personas toman **mate** en Argentina.

Raquel estuvo en contacto por Internet con sus amigos del instituto. También escribió mensajes con su teléfono móvil.

El año que viene Raquel va a ir al norte. Va a ver las Cataratas de Iguazú.

a. _1_

b. ____

c. ____

d. ____

e. ____

2b Responde a las preguntas.

1. ¿Con quién estuvo Raquel? _____
2. ¿Qué se puede hacer en esa playa? _____
3. ¿Qué hizo en Buenos Aires? _____
4. ¿Qué planes tiene para el futuro? _____

2c Completa las frases con las acciones que hizo Raquel. La primera ya está hecha.

1. (*Ir*) __*Fue*__ a Argentina.
2. (*Estar*) _____ con la familia.
3. (*Hacer*) _____ varias excusiones.
4. (*Montar*) _____ a caballo y en bicicleta.
5. (*Visitar*) _____ el barrio de La Boca.
6. (*Tomar*) _____ mate.
7. (*Escribir*) _____ mensajes con el teléfono.

1, 2, 3,
4, 5, 17

2d Imagina que tú fuiste con Raquel e hiciste las mismas cosas
que ella. Completa las frases. La primera ya está hecha.

1. (*Ir*) __*Fui*__ a Argentina.
2. (*Estar*) _____ con la familia.
3. (*Hacer*) _____ varias excusiones.
4. (*Montar*) _____ en caballo y en bicicleta.
5. (*Visitar*) _____ el barrio de La Boca.
6. (*Tomar*) _____ mate.
7. (*Escribir*) _____ mensajes con el teléfono.

2e ¿Qué hiciste las últimas vacaciones? ¿Adónde fuiste?
Escribe un texto sencillo explicándolo.

_____
_____
_____
_____
_____
_____
_____
_____

El **mate** es una infusión que se
toma en Argentina y Uruguay.

El beso del final

Hay en mi corazón una inquietud,
hoy te veo tan distante.
Hay algo que me aleja de tu amor,
de repente tú cambiaste.
Hoy insegura estoy,
el estar sin ti sé que me hará sufrir.

Anoche, yo sentí que me besaste
diferente y me quedé sin saber qué
hacer.
Yo te conozco y sé que algo no anda
bien, ven, dime la verdad,
no quiero imaginar que fue el beso
del final.

No sé por qué ha cambiado tu actitud,
ojalá que todo sea un error,
no quiero comprobar que te perdí,
ni que nuestro amor se acabe.
Oigo una voz que se hunde en mí,
que me vuelve a repetir
lo que no quiero oír.

Del álbum: *Mi reflejo*
Christina Aguilera
Autor: Rudy Pérez, Franne Golde, Tom Snow

3a   Localiza en el texto las siguientes palabras.

corazón	amor
sufrir	verdad
beso	final
error	oír

3b   Consulta en un diccionario el significado de los siguientes verbos.

cambiar	quedar	pedir
sentir	besar	alejar

3c   Los siguientes verbos aparecen en la canción. ¿Cuáles se refieren a *tú* y cuáles a *yo*?

cambiaste	sentí	besaste	me quedé	perdí

yo

_____

_____

_____

tú

_____

_____

3d   Relaciona las formas verbales.

indefinido	**infinitivo**
besaste	cambiar
perdí	quedarse
me quedé	besar
sentí	ir
cambiaste	perder
fue	sentir

3e   Estas expresiones sirven para referirse al pasado. ¿Cuál aparece en la canción?

la semana pasada	el fin de semana	ayer	anoche	el jueves pasado

4a Escribe debajo de cada foto una de las acciones que aparecen en este recuadro.

jugar con la consola	navegar por Internet	tocar la guitarra
bailar	escuchar música	leer

1. _____

2. _____

3. _____

4. _____

5. _____

6. _____

4b Éstas son las aficiones de nuestros amigos. Léelas. Luego, escucha el diálogo y escribe un número para indicar el orden en que las mencionan.

☐ Hacer deporte.
☐ Jugar al baloncesto.
☐ Navegar por Internet.
☐ Hablar en un *chat.*
☐ Enviar mensajes con el teléfono móvil.
☐ Coleccionar sellos.

☐ Jugar con la consola.
☐ Leer novelas y cómics.
☐1 Escuchar música.
☐ Tocar la guitarra.
☐ Ver la *tele.*
☐ Bailar.

4c ¿Qué aficiones tienes tú? Busca un compañero de clase con el que compartas tres aficiones.

5a Escucha qué hicieron el fin de semana y completa los diálogos.

fuiste	leí	jugaste	fui	hice	nadé
hablé	escuché	compré	vi	bailé	

1. **RAQUEL:** ¿_____ al fútbol?
   JOSÉ: Sí.
   RAQUEL: ¿Cómo terminó el partido?
   JOSÉ: Ganamos.

2. **MANUEL:** ¿_____ el domingo al concierto?
   ALEJANDRO: Sí. Fue muy bueno.

3. **TERESA:** ¿Adónde fuiste?
   RAQUEL: A una tienda de ropa. Pero no _____ nada.

4. **TERESA:** _____ al cine. _____ una película muy buena.
   MANUEL: Yo _____ música en casa.

5. **ISABEL:** Fui a una fiesta por la tarde. _____ mucho.
   FRANCISCO: Yo _____ una revista.

6. **ALEJANDRO:** El sábado por la mañana _____ deporte. _____ una hora. ¿Y tú?
   MANUEL: Yo _____ con unos amigos.

5b Completa el cuestionario escribiendo las dos últimas preguntas. Después pregunta a tu compañero qué hizo.

- ¿Fuiste al cine el fin de semana?
- Sí, vi una película muy buena.
- Yo no fui al cine.

¿Qué hiciste el fin de semana pasado?

- ¿Fuiste al cine? ☐
- ¿Hablaste con alguien en un chat? ☐
- ¿Limpiaste tu habitación? ☐
- ¿Viste alguna película? ☐
- ¿Compraste algo? ☐
- ¿Recibiste mensajes en tu teléfono móvil? ☐
- ¿Jugaste a algo? ☐
- ¿_____ ? ☐
- ¿_____ ? ☐

1, 2, 3, 4, 5, 17

6a Completa los diálogos de forma apropiada.

Gracias
Lo siento

Aquí tienes un recuerdo de Argentina.

¿Por qué ayer no fuiste a bailar con nosotras?

1. _____

2. _____.
Estudié toda la tarde.

¿Me prestas tu bolígrafo?

Claro. Toma.

No respondiste a mis mensajes.

3. _____

4. _____.
Me olvidé.

6b Practica con tu compañero. Uno dice una de estas frases y el otro responde con *gracias* o *lo siento*.

🗨 *Toma mi diccionario.*
🗨 *Gracias.*

🗨 Toma mi diccionario.
🗨 Aquí tienes un regalo.
🗨 No me llamaste.

🗨 Te invito a mi casa.
🗨 Llegaste tarde a clase.
🗨 Olvidaste mi libro en tu casa.

 4

6, 7,
8, 9

7a ¿Cómo es el carácter de estos jóvenes? Escribe la palabra correcta al lado de cada foto.

| generoso | romántico | tímido | simpático | egoísta | antipático |

1. _____

2. _____

3. _____

4. _____

5. _____

6. _____

7b Isabel y Francisco hablan sobre el carácter de sus amigos. Escucha el diálogo e indica cómo es cada uno.

Manuel es _____

José es _____

Teresa es _____

7c ¿Los adjetivos anteriores sirven para describir tu carácter? ¿Y el de tus amigos?

🗨 *Yo soy* _____

Mi mejor amigo es _____

1 Cómo hablar del pasado

El pretérito indefinido

Se usa el pretérito indefinido para hablar del pasado. La conjugación en pretérito indefinido de los verbos regulares es la siguiente:

	viajar	conocer	escribir
yo	viajé	conocí	escribí
tú	viajaste	conociste	escribiste
él, ella, usted	viajó	conoció	escribió
nosotros, nosotras	viajamos	conocimos	escribimos
vosotros, vosotras	viajasteis	conocisteis	escribisteis
ellos, ellas, ustedes	viajaron	conocieron	escribieron

Algunos verbos irregulares muy usados son *estar*, *hacer* e *ir*. El pretérito indefinido de estos verbos es el siguiente:

	estar	hacer	ir
yo	estuve	hice	fui
tú	estuviste	hiciste	fuiste
él, ella, usted	estuvo	hizo	fue
nosotros, nosotras	estuvimos	hicimos	fuimos
vosotros, vosotras	estuvisteis	hicisteis	fuisteis
ellos, ellas, ustedes	estuvieron	hicieron	fueron

Referencias temporales del pasado

El pretérito indefinido normalmente se usa con las siguientes expresiones que marcan el tiempo:

ayer
el 23 de agosto
la semana pasada
el año pasado
el viernes pasado

- *Ayer* fui al centro comercial.
- Yo fui *el viernes pasado*.

- ¿Qué hiciste *el año pasado*?
- Estuve en Francia.

- ¿Dónde estuvistes *la semana pasada*?
- Visité a mis abuelos.

2 Cómo agradecer

- ¿Me dejas un papel?
- Aquí tienes.
- **Gracias.**

Aquí tienes tu bolígrafo.

Gracias.

3 Cómo disculparse

- No nos escribiste.
- **Lo siento.** Me olvidé.

4 Hablar del carácter

Se usa el verbo *ser* para referirse al carácter de las personas.

- ¿Cómo **es** Teresa?

ser + [adjetivo]

- Ella es **romántica.**

- Él es **romántico.**

Cualidades positivas.

- Es (muy) simpática.

Las cualidades negativas se suelen matizar con *un poco.*

- Es un poco egoísta.

No te escribí en las vacaciones. Lo siento. ¿Me perdonas?

Comprueba qué has aprendido en esta lección

1. Ayer _____ un mensaje a tu teléfono móvil.
   a. paseé
   b. monté
   c. envié

2. 🗨 ¿Qué hiciste ayer por la tarde?
   🗨 _____ música.
   a. Escucharon
   b. Escuché
   c. Escuchó

3. 🗨 ¿Tienes aficiones?
   🗨 Sí, _____ sellos.
   a. colecciono
   b. leo
   c. veo

4. 🗨 ¿Cómo es Alejandro?
   🗨 Es un poco _____.
   a. tímido
   b. tímida
   c. tímidos

5. El año pasado _____ a caballo.
   a. escuché
   b. jugué
   c. monté

6. 🗨 Aquí tienes mi número de teléfono.
   🗨 _____.
   a. Lo siento.
   b. Gracias.
   c. No.

7. 🗨 ¿Qué aficiones tienes?
   🗨 _____ la guitarra.
   a. Enviar
   b. Jugar
   c. Tocar

8. 🗨 ¿Qué hicisteis el fin de semana?
   🗨 _____ en la montaña.
   a. Estuviste
   b. Estuve
   c. Estuvimos

9. Raquel y su familia _____ por el país y _____ muchas cosas.
   a. viajamos / vimos
   b. viajaron / vieron
   c. viajaste / viste

10. 🗨 El pasado fin de semana _____ al cine.
   a. fui
   b. voy a ir
   c. voy

11. 🗨 ¿Qué aficiones tienes?
   🗨 _____ al baloncesto.
   a. Jugar
   b. Comprar
   c. Bailar

12. Yo ayer no _____ nada. _____ en casa.
   a. hizo / Estuvo
   b. hice / Estuvimos
   c. hice / Estuve

13. 🗨 ¿Cuándo fuiste a la casa de Juan?
   🗨 _____.
   a. El martes que viene
   b. Ayer
   c. Mañana

14. 🗨 Llegaste tarde a clase.
   🗨 _____.
   a. Lo siento
   b. Gracias
   c. ¿Cuál?

¿Juegas?

Lo siento. Primero voy a hacer las tareas.

Tu REVISTA

Año I • Número 3

MÉXICO

Descubre los *Albergues* de la juventud

Viajar barato por los países de habla hispana

¡Prepara las maletas!

La *guitarra* en Hispanoamérica

Un instrumento universal

Afina tus conocimientos

Música en directo

Opiniones de todo tipo...

¿Te apuntas?

Descubre los Albergues de la juventud

Los Albergues de la juventud (*Youth Hostels*) ofrecen muchas ventajas. Lee con atención:

- Hay albergues en todas las ciudades importantes.
- Son baratos y confortables.
- Los clientes habituales son viajeros jóvenes.
- En ellos conoces gente de tu edad.
- Están muy bien organizados.
- Proponen muchas actividades.
- Informan sobre la ciudad.

¿Todavía no has visitado ninguno? Infórmate y reserva.

Albergue Las dos Fridas

Precios por noche:	
Habitación	Precio
Individual	30 $
Compartida (2)	23 $
Compartida (6)	14 $

País: México.
Ciudad: México D.F.
Localización: a diez minutos a pie del centro de la ciudad.
Servicios: restaurante, Internet, agencia de viajes, cocina, lavandería, televisión por cable, pequeño supermercado, quiosco, teléfono público e información turística.

Albergue Sandanzas

Precios por noche:	
Habitación	Precio
Individual	20 $
Compartida (3)	15 $
Compartida (6)	10 $

País: Argentina.
Ciudad: Buenos Aires.
Localización: barrio San Telmo, en el centro de la ciudad.
Servicios: desayuno, abierto 24 horas, espectáculo de tango (viernes), farmacia, Internet gratis, TV y vídeo, lavandería, tienda de ropa, cocina y librería.

¿Sabes que...?

Preguntar los precios

Aproximadamente, el precio de los Albergues por noche en una habitación individual es de 20 $. También hay habitaciones compartidas que son muy económicas.

Planificar un viaje

Es muy fácil hacer reservas en los Albergues de la juventud. Sigue las siguientes instrucciones:
1) Localizas en Internet el albergue.
2) Consigues su dirección electrónica.
3) Escribes un *e-mail* con la fecha de la reserva y el tipo de habitación.
4) Esperas la contestación

La guitarra en Hispanoamérica

En el siglo XVI los colonizadores españoles y portugueses llevaron la guitarra a América. Este instrumento fue utilizado y transformado por las culturas indígenas. Hoy en día, en Hispanoamérica existen muchos tipos de guitarra, entre ellos encontramos: el triple en Colombia, el charango en Bolivia, el cuatro en Venezuela, el tres en Cuba, el guitarrón el Chile o la jarana en México.

Como ves, la guitarra es un instrumento muy popular en los países de habla hispana.

CURIOSIDADES

Guitarrones y guitarritas

El guitarrón es la guitarra más grande. Es un instrumento típico de Chile y México, tiene 25 cuerdas y mide casi dos metros de largo. La guitarra más pequeñita es el charango, típica de Bolivia. Tiene cinco cuerdas y mide medio metro.

El tema de esta semana:

Música en directo

Me llamo Linda y tengo 16 años. Yo voy siempre que puedo a conciertos en directo, aunque son un poco caros. La semana pasada fui a un concierto de Glup. Y el próximo fin de semana voy a ir a otro de Sinergia, mi grupo chileno favorito.

Linda Vázquez
Linares (Chile)

Hola, tengo 17 años y toco el violín en la orquesta del instituto. No tengo tiempo para ir a conciertos, pero a veces voy al conservatorio a escuchar recitales de música clásica.

Miguel Sáez
Caracas (Venezuela)

Hola, tengo 14 años y nunca fui a un espectáculo en directo. Mis padres dicen que en verano vamos a ir juntos a un concierto de Chayanne y estoy muy contenta

Lupe Gómez
Chihuahua (México)

Próximo tema:

Nueva York: ciudad hispana

ACTIVIDADES

DESCUBRE LOS ALBERGUES DE LA JUVENTUD

Música en directo

1 Lee la descripción de los dos albergues y localiza en el apartado de **servicios** los nombres de siete tiendas:

Albergue *Las dos Fridas:* _____, _____, _____ y _____.

Albergue *Sandanzas:* _____,_____ y_____.

2 Sigue las instrucciones de *Planificar un viaje* (página 106) y escribe un *e-mail* para reservar habitación en un albergue.

_____
_____
_____
_____
_____
_____
_____

LA GUITARRA EN HISPANOAMÉRICA

3 ¿Conoces más instrumentos musicales? Pregunta a tus compañeros qué instrumentos conocen y haz una lista con sus nombres en español.

4 Encuentra dos sinónimos (palabras que significan lo mismo) de *concierto* en las cartas de los corresponsales.

_____ y_____

5 Busca en Internet grupos de música de Hispanoamérica.

6 Todos estos cantantes tienen sitios web. Busca las páginas web oficiales de estos cantantes.
- Ricky Martin
  _____
- Enrique Iglesias
  _____
- Alejandro Sanz
  _____
- Shakira
  _____
- Cristina Aguilera
  _____
- Paulina Rubio
  _____

PASATIEMPOS

7 Localiza, en la sopa de letras, las acciones que te mostramos en las imágenes:

c	f	e	s	c	r	i	b	i	r
o	g	r	t	y	u	i	t	r	e
r	y	h	r	f	g	h	u	i	o
r	h	a	r	d	o	r	m	i	r
e	k	b	u	s	u	b	i	r	t
r	i	l	g	e	r	t	y	u	i
t	o	a	l	r	j	u	g	a	r
e	l	r	r	r	t	y	u	i	o
e	p	w	e	r	n	a	d	a	r
a	n	d	a	r	e	r	t	y	r

Gramática práctica

La gramática no es un problema

En esta *Gramática práctica* se muestra de forma rápida y sencilla toda la gramática que vas a aprender a lo largo de este curso de *Es tu ritmo 1.* Esta *Gramática práctica* se divide en dos apartados: *Tu gramática* y *Dudas y errores frecuentes.* En *Tu gramática* te damos ejemplos y esquemas y te explicamos brevemente lo más importante de la gramática en español. En *Dudas y errores frecuentes* se explican y resuelven, con ejemplos, las dudas y errores que puedes tener cuando comiences a hablar o escribir en español. Todo para que aprendas de forma rápida y que la gramática no sea un problema para ti.

Gramática práctica

Los pronombres personales

Los pronombres personales sustituyen al nombre y se usan cuando, por alguna razón, no se quiere utilizar el nombre, por ejemplo: *Él es estudiante.*

PRONOMBRES PERSONALES	
1.ª persona del singular	**yo**
2.ª persona del singular	**tú / usted**
3.ª persona del singular	**él, ella**
1.ª persona del plural	**nosotros, nosotras**
2.ª persona del plural	**vosotros, vosotras / ustedes**
3.ª persona del plural	**ellos, ellas**

Es importante recordar que en **conversaciones formales** se utiliza la forma **usted, ustedes**: *Buenos días, Sr. López. ¿Cómo está usted?*

En situaciones informales se usa **tú, vosotros, vosotras**: *Hola, Pedro. ¿Cómo estás?* En la mayor parte de Hispanoamérica, la persona **tú** y **vosotros** no se usa, se utiliza **usted, ustedes**: *Hola, Pedro. ¿Cómo está usted?*

Los pronombres interrogativos: dónde, cómo, cuánto, cuál

Se usan para preguntar por algo.

PRONOMBRE INTERROGATIVO	PREGUNTA POR...
dónde	un lugar
cómo	una manera
cuánto, cuánta, cuántos, cuántas	una cantidad
cuál, cuáles	algo que pertenece a un grupo

*¿**Dónde** vives?*
*¿**Cómo** vas al instituto?*

Fíjate en que la forma del pronombre **cuánto** cambia dependiendo del nombre que acompaña:

*¿**Cuánto** tiempo necesitas para hacer las tareas?*
*¿**Cuánta** comida tienes?*
*¿**Cuántos** años tienes?*
*¿**Cuántas** horas estudias?*

Observa que **cuál** se usa para singular y **cuáles** para plural:

*¿**Cuál** (de estas libretas) prefieres?*
(tienes que elegir una de ellas)
*¿**Cuáles** (de estos bolígrafos) quieres?*
(tienes que elegir más de uno)

¿**Cuántas** horas estudias?

Una o dos horas.

Los artículos

El artículo acompaña a un nombre y tiene el mismo género y número que el nombre.
Puede ser de dos tipos:
- artículo determinado
- artículo indeterminado

	MASCULINO SINGULAR	FEMENINO PLURAL	MASCULINO SINGULAR	FEMENINO PLURAL
ARTÍCULOS DETERMINADOS	el	la	los	las
ARTÍCULOS INDETERMINADOS	un	una	unos	unas

¿Me dejas el libro? ⇨ Se habla de un determinado libro.
¿Me dejas un libro? ⇨ No se habla de un libro concreto.

Los adjetivos posesivos

Los adjetivos posesivos van delante del nombre e indican que ese objeto o persona pertenece a alguien *(yo, tú / usted, él / ella, nosotros / nosotras, vosotros / vosotras / ustedes, ellos / ellas).*

ADJETIVOS POSESIVOS				
	singular		**plural**	
Pertenece a...	**masculino**	**femenino**	**masculino**	**femenino**
yo	*mi* bolígrafo		*mis* bolígrafos	
	mi libreta		*mis* libretas	
tu	*tu* bolígrafo		*tus* bolígrafos	
	tu libreta		*tus* libretas	
él, ella, usted	*su* bolígrafo		*sus* bolígrafos	
	su libreta		*sus* libretas	
nosotros, nosotras	*nuestro* bolígrafo	*nuestra* libreta	*nuestros* bolígrafos	*nuestras* libretas
vosotros, vosotras	*vuestro* bolígrafo	*vuestra* libreta	*vuestros* bolígrafos	*vuestras* libretas
ellos, ellas, ustedes	*su* bolígrafo		*sus* bolígrafos	
	su libreta		*sus* libretas	

Los verbos

En español los verbos son de tres clases, dependiendo de su terminación:

- verbos terminados en *–ar: bailar*
- verbos terminados en *–er: beber*
- verbos terminados en *–ir: vivir*

Es importante recordar que cada persona tiene su propia forma verbal. Para saber cómo son las formas verbales de cada persona (de los verbos regulares) se debe sustituir la terminación del verbo en infinitivo *(–ar, –er, –ir)* por la terminación de la persona en el tiempo que se quiere formar.

Fíjate en que las formas verbales de *usted* y *ustedes* son como las formas verbales de *él, ella* y *ellos, ellas.* Recuerda que:

usted, ustedes ⇨ se refieren a la segunda persona (singular: *usted;* plural: *ustedes*)

Usted – Tú   Ustedes – Vosotros, vosotras

⇨ sus formas verbales coinciden con las de tercera persona.

Usted canta.   *Él canta.*

El presente de indicativo

• Verbos regulares

Para formar el presente de indicativo regular, se deben seguir los siguientes pasos:

- Verbo en infinitivo. Por ejemplo: **llamar**
- Fíjate en la terminación: *llamar*
- Las terminaciones para el presente de indicativo regular de los verbos terminados en *–ar* son:

  1.ª persona singular (yo): **–o**
  2.ª persona singular (tú): **–as**
  3.ª persona singular (él, ella, usted): **–a**
  1.ª persona plural (nosotros, nosotras): **–amos**
  2.ª persona plural (vosotros, vosotras): **–áis**
  3.ª persona plural (ellos, ellas, ustedes): **–an**

- Debes sustituir *–ar* por las terminaciones del presente de indicativo:

  llam~~ar~~ ⇨ llam

yo	llam + -o = **llamo**
tú	llam + -as = **llamas**
él, ella, usted	llam + -a = **llama**
nosotros, nosotras	llam + -amos = **llamamos**
vosotros, vosotras	llam + -áis = **llamáis**
ellos, ellas, ustedes	llam + -an = **llaman**

A continuación, tienes el presente de indicativo regular. Fíjate en las terminaciones.

	BAILAR	**BEBER**	**VIVIR**
yo	bail**o**	beb**o**	viv**o**
tú	bail**as**	beb**es**	viv**es**
él, ella, usted	bail**a**	beb**e**	viv**e**
nosotros, nosotras	bail**amos**	beb**emos**	viv**imos**
vosotros, vosotras	bail**áis**	beb**éis**	viv**ís**
ellos, ellas, ustedes	bail**an**	beb**en**	viv**en**

Raquel **habla** por teléfono.

• Verbos irregulares

El verbo **ser**

	SER
yo	soy
tú	eres
él, ella, usted	es
nosotros, nosotras	somos
vosotros, vosotras	sois
ellos, ellas, ustedes	son

El verbo **tener**

	TENER
yo	tengo
tú	tienes
él, ella, usted	tiene
nosotros, nosotras	tenemos
vosotros, vosotras	tenéis
ellos, ellas, ustedes	tienen

• **Usos del presente de indicativo**

El presente de indicativo se utiliza para hablar de acciones cotidianas, es decir, para explicar las acciones que se realizan habitualmente. Por ejemplo:

*Olga **come** en el comedor del instituto.*
*Todas las tardes **estudio** química.*
*Los lunes **tengo** clase de matemáticas.*

También se usa para hablar de acciones futuras.
Por ejemplo:

*El viernes que viene **viajo** a México.*
*Mañana **tengo** examen de música.*

Yo **toco** la flauta.

El pretérito indefinido

• **Verbos regulares**

Para formar el pretérito indefinido de los verbos regulares se debe cambiar la terminación del infinitivo *(-ar, -er, -ir)* por las terminaciones del pretérito indefinido.

A continuación, tienes el pretérito indefinido. Fíjate en las terminaciones.

	BAILAR	**BEBER**	**VIVIR**
yo	bail**é**	beb**í**	viv**í**
tú	bail**aste**	beb**iste**	viv**iste**
él, ella, usted	bail**ó**	beb**ió**	viv**ió**
nosotros, nosotras	bail**amos**	beb**imos**	viv**imos**
vosotros, vosotras	bail**asteis**	beb**isteis**	viv**isteis**
ellos, ellas, ustedes	bail**aron**	beb**ieron**	viv**ieron**

Observa que los verbos acabados en *–er* y en *–ir* tienen las mismas terminaciones en el pretérito indefinido.

• **Verbos irregulares**

El verbo **ir**

	IR
yo	fui
tú	fuiste
él, ella, usted	fue
nosotros, nosotras	fuimos
vosotros, vosotras	fuisteis
ellos, ellas, ustedes	fueron

Nosotros **bailamos.**

• **Usos del pretérito indefinido**

El pretérito indefinido se utiliza para hablar de acciones pasadas. Por ejemplo:

*Ayer **llamé** a Raquel.*

Gramática práctica

Referencias temporales

Las referencias temporales sitúan la acción del verbo en un momento determinado del día.

Por la mañana
Por la tarde
Por la noche
Al mediodía
De madrugada
De día
De noche

Por ejemplo:
Por la tarde Encarna ve la televisión.

Ayer fui al instituto.

• Referencias temporales del pasado

Sitúan la acción en el pasado y van acompañadas de un verbo en pasado.

Ayer
El pasado viernes
La semana pasada
El año pasado
En + [fecha]

Por ejemplo:
La semana pasada fui al cine.
En 1999 viajé a Colombia.

• Referencias temporales del futuro

Estas referencias temporales sitúan la acción en el futuro.

Mañana
La semana que viene
El mes que viene
El año que viene

Por ejemplo:
Mañana vamos a la playa.
La semana que viene Pedro canta en un festival.

Ir + a + [infinitivo]

Para hablar de acciones futuras que se van a realizar seguro, se usa: *ir + a + [infinitivo]*

yo	**voy**	
tú	**vas**	
él, ella, usted	**va**	
nosotros, nosotras	**vamos**	+ a + [infinitivo]
vosotros, vosotras	**vais**	
ellos, ellas, ustedes	**van**	

Por ejemplo:
*El domingo **vamos a nadar** a la piscina.*

En esta página se muestran **dudas y los errores más habituales** que tienen las personas que están aprendiendo español. Te recomendamos que prestes una especial atención.

Tú / Usted — Vosotros, -as / Ustedes

Las formas **tú** y **usted** son pronombres de segunda persona del singular, pero *usted* siempre va acompañado de un verbo en tercera persona. Por ejemplo:

Tú (pronombre en 2.ª persona) *vives* (verbo en 2.ª persona) *en la calle Pamer.*
Usted (pronombre en 2.ª persona) *vive* (verbo en 3.ª persona) *en la calle Pamer.*

Con **vosotros, vosotras** y **ustedes** sucede igual. Los dos son pronombres de segunda persona del plural, pero *ustedes* va acompañado de un verbo en tercera persona plural. Por ejemplo:

Vosotros (pronombre en 2.ª persona) *vivís* (verbo en 2.ª persona) *en la avenida Vetal.*
Ustedes (pronombre en 2.ª persona) *viven* (verbo en 3.ª persona) *en la avenida Vetal.*

Hay / Está (-n)

Hay sirve para expresar la existencia de tiendas, cosas o personas:
*¿**Hay** un quiosco cerca?*

Hay no cambia ni cuando el nombre es singular, ni cuando el nombre es plural:
*¿**Hay** plátanos en la nevera?*

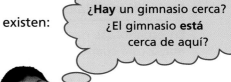

¿**Hay** un gimnasio cerca?
¿El gimnasio **está** cerca de aquí?

Está se usa para localizar tiendas, cosas o personas que sabemos que existen:
*¿La biblioteca **está** cerca?*

Se utiliza **están** si el nombre que acompaña al verbo es plural:
*¿Las zapatillas **están** en la habitación?*

Con **hay** no se utilizan los artículos *el, la, los, las:*
****Hay la** hoja en la impresora.* ⇨ Incorrecto 🙁
🙂 ***Hay una** hoja en la impresora.* ⇨ Correcto

Con **está/están** no se usan los artículos *un, una, unos, unas:*
¿Un** gimnasio **está** lejos de aquí?* ⇨ Incorrecto 🙁
🙂 *¿**El** gimnasio **está** lejos de aquí?* ⇨ Correcto

Decir

El verbo **decir** es irregular en el presente de indicativo. Es importante que aprendas bien sus formas porque es un verbo muy útil. Aquí tienes el presente de indicativo del verbo *decir*.

yo	digo
tú	dices
él, ella, usted	dice
nosotros, nosotras	decimos
vosotros, vosotras	decís
ellos, ellas, ustedes	dicen

Observa:
- La primera persona del singular cambia la *e* por *i* y añade *–go*:

  *di + go = **digo***

- La segunda persona del singular, la tercera del singular y la tercera del plural cambian la *e* por *i*:

   *deces ⇨ incorrecto   **dices** ⇨ correcto
  *dece ⇨ incorrecto   **dice** ⇨ correcto
  *decen ⇨ incorrecto   **dicen** ⇨ correcto

- ¡Atención! La segunda y tercera personas del plural no cambian la *e* por *i*, son formas regulares:

  *dicimos ⇨ incorrecto   **decimos** ⇨ correcto
  *dicís ⇨ incorrecto   **decís** ⇨ correcto

El plural de los días de la semana

Sábado y *domingo* añaden *–s* para formar el plural. Los demás sólo cambian el artículo.

el lunes	⇨	los lunes
el martes	⇨	los martes
el miércoles	⇨	los miércoles
el jueves	⇨	los jueves
el viernes	⇨	los viernes
el sábado	⇨	los sábados
el domingo	⇨	los domingos

Las nacionalidades, los días de la semana y los meses del año

En español las nacionalidades, los días de la semana y los meses del año sólo se escriben con inicial mayúscula cuando están al inicio de la frase.

*Pedro es Colombiano. ⇨ Incorrecto
Pedro es colombiano. ⇨ Correcto

*El Lunes tengo clase de historia. ⇨ Incorrecto
El lunes tengo clase de historia. ⇨ Correcto

*María nació en el mes de Enero. ⇨ Incorrecto
María nació en el mes de enero. ⇨ Correcto

Enero es el primer mes del año. ⇨ Correcto

¿Las nacionalidades se escriben con mayúscula?

Sólo cuando están al principio de la frase.

Muy / Mucho

Muy + [adjetivo]
[verbo] + **mucho**

Incorrecto:
*Pedro es **mucho** *inteligente*.
    (adjetivo)
*Pedro *estudia* **muy**.
    (verbo)

Correcto:
*Pedro es **muy** *inteligente*.
    (adjetivo)
*Pedro *estudia* **mucho**.
    (verbo)

Vocabulario práctico

Palabras y más palabras en español

El **Vocabulario práctico** te ayuda a comprender y aprender nuevas palabras en español. Todas aparecen en una determinada situación para que comprendas cuándo se usan. Algunas de estas palabras llevan un asterisco (*), esto significa que esa palabra en Hispanoamérica se dice de otra forma (consulta la pág. 132).

El *Vocabulario práctico* tiene cinco apartados:

• **En imágenes.** Te resultará fácil aprender este vocabulario porque lo verás a través de los dibujos.

• **Redes léxicas.** Las palabras se presentan organizadas por temas y relacionadas entre sí.

• **¿Qué significa...?** En este listado se recogen las palabras más importantes de las lecciones. Al lado de cada palabra tienes un espacio para escribir la traducción a tu lengua.

• **En Hispanoamérica se dice...** Te ofrece una lista de palabras. En la primera columna verás palabras usadas en el español de España y a su lado cómo se dicen esas palabras en otros países latinoamericanos. Detrás de cada palabra aparece una abreviatura que indica dónde se utiliza: Argentina (Arg.), Colombia (Col.), Chile (Chi.), Cuba (Cub.), México (Méx.), Puerto Rico (P. Rico), Venezuela (Ven.).

• **Palabras iguales y palabras opuestas.** Dispones de una lista de palabras acompañadas de otras que tienen el mismo significado (sinónimos) y otras que significan lo contrario (antónimos).

Vocabulario práctico

En la calle

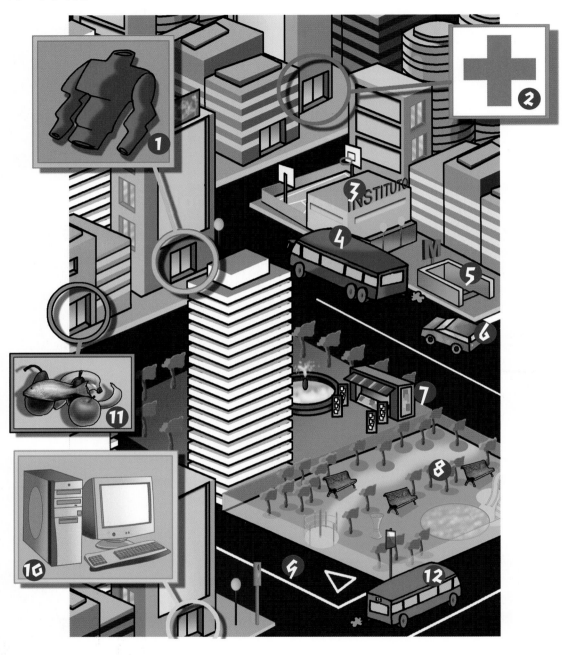

1 Tienda de ropa	**6** Coche*	**11** Tienda de alimentación*
2 Farmacia	**7** Quiosco	**12** Autobús*
3 Instituto	**8** Parque	
4 Autocar*	**9** Calle	
5 Metro*	**10** Tienda de informática	

El cuerpo

1 Nariz		**6** Boca		**11** Mano	
2 Cabeza		**7** Dientes		**12** Pierna	
3 Pelo*		**8** Bigote		**13** Pie	
4 Ceja		**9** Barba			
5 Ojo		**10** Brazo			

La casa

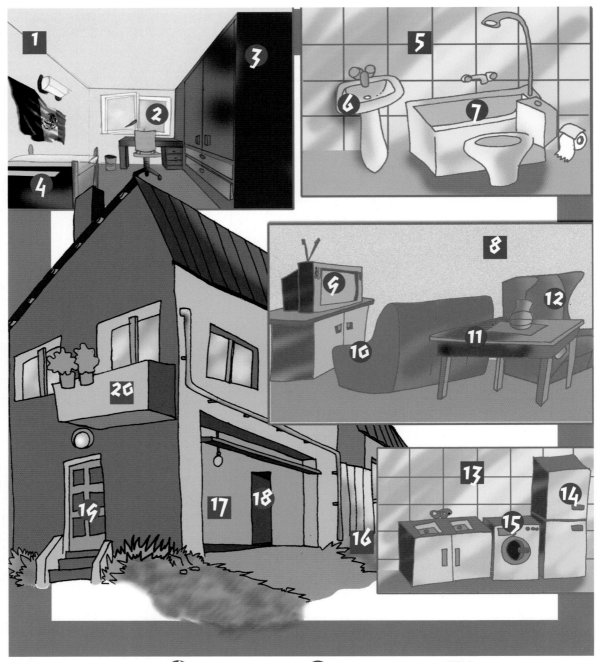

1	Habitación	**6**	Lavabo	**11**	Mesa	**16**	Jardín
2	Ventana	**7**	Bañera	**12**	Sillón	**17**	Garaje
3	Armario*	**8**	Comedor*	**13**	Cocina	**18**	Pasillo
4	Cama	**9**	Televisión	**14**	Nevera*	**19**	Puerta
5	Cuarto de baño	**10**	Sofá	**15**	Lavadora	**20**	Terraza

En clase

1 Pizarra*	**6** Ordenador*	**11** Bolígrafo*	**16** Mochila
2 Altavoz*	**7** Ratón	**12** Cuaderno	**17** Goma de borrar
3 Profesor	**8** Libros (de matemáticas, de química, de historia)	**13** Alumno	**18** Pupitre
4 Grapadora*	**9** Mesa del profesor	**14** Diccionario	
5 Carpeta*	**10** Lápiz	**15** Estuche	

Vocabulario práctico

Acciones

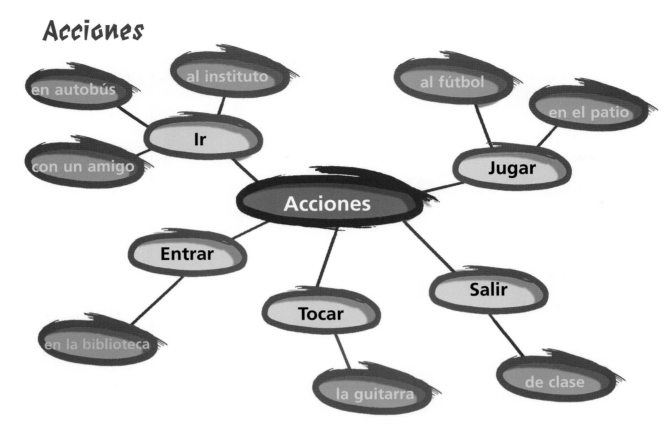

- en autobús
- al instituto
- con un amigo
- **Ir**
- al fútbol
- en el patio
- **Jugar**
- **Acciones**
- **Entrar**
- **Tocar**
- **Salir**
- en la biblioteca
- la guitarra
- de clase

Días de la semana

- lunes
- martes
- domingo
- Fin de semana
- **Días de la semana**
- miércoles
- sábado
- jueves
- viernes

Nacionalidades

Meses del año

Vocabulario práctico

A

a

abajo

abanico

abierto

abril

abrir

abuelo /-a

aburrido /-a

acompañar

actitud

actividad

adiós

afición

agencia

agencia de viajes

agenda

agosto

ajedrez

al lado

alegre

alegría

alejar

alfombra

alguno /-a

almohada

alma

altavoz*

alto /-a

alumno /-a

amable

amanecer

amigo / -a

amor

anoche

antiguo /-a

año

apartamento*

apellido

aprobar

armario*

arriba

ascensor

asomarse

aspirina

autobús*

autocar*

avenida

aventura

averiar

avión

ayer

azul

B

bailar

bajar

bajo /-a

balcón

ballet

ballena

bandera

bañera

barato /-a

barba

barca

barco

barrio

bastante

basura

beber

besar

beso

biblioteca

bicicleta

bigote

billete

boca

bolígrafo*

bolos

bonito /-a

borrar

bosque

brazo

buenas noches

buenas tardes

buenos días _____
búho _____

C ——————————

caballo _____
cabeza _____
caja _____
cajón _____
calculadora _____
caliente _____
callado /-a _____
callar _____
calle _____
caluroso /-a _____
cama _____
cambiar _____
canción _____
cansado _____
caramelo _____
cariñoso /-a _____
caro /-a _____
carpeta* _____
casa _____
casado /-a _____
catarata _____
cazadora _____
ceja _____
centro comercial _____
cerca _____
cerrar _____
charlatán _____
chico /-a _____
cielo _____
ciencia _____
ciencia ficción _____
clase _____
coche* _____
cocina _____
cohete _____
cojín _____
colección _____
coleccionar _____
colombiano /-a _____

comedor* _____
comenzar _____
comer _____
cometa _____
cómo _____
comprobar* _____
con _____
concierto _____
conferencia _____
conocer _____
conseguir _____
consola _____
contacto _____
contento _____
corazón _____
correcto /-a _____
correo _____
correo electrónico _____
correr _____
cortar _____
corto /-a _____
cosa _____
costar _____
cuaderno _____
cuál _____
cualquiera _____
cuánto _____
cuarto _____
cuarto de baño _____
cubo _____
cubrir _____
cuchillo _____
cuello _____
cumpleaños _____
cuñado /-a _____

D ——————————

dar _____
debajo _____
deberes _____
decir _____
dedo _____
dejar _____

Vocabulario práctico

delante _____
derecha _____
desayunar _____
descansar _____
describir _____
desierto _____
desordenar _____
despacho _____
detrás _____
día _____
dialogar* _____
dibujo _____
diccionario _____
diciembre _____
diente _____
dirección _____
disco _____
distante _____
divorciado /-a _____
divorcio _____
domingo _____
dónde _____

E

edad _____
egoísta _____
ejecutivo /-a _____
él _____
ella _____
ellos /-as _____
empezar _____
en _____
encender* _____
encima _____
encontrar _____
enero _____
enfadado /-a* _____
enfermero /-a _____
enorme _____
entrar* _____
entrenar _____
enviar _____
envidioso /-a _____

error _____
escalar _____
escalera _____
escenario _____
escribir _____
escritorio _____
escuela _____
espacio _____
espaldera _____
español / -a _____
especial _____
esperar _____
esquiar _____
estantería _____
estar _____
estar en contacto _____
estuche _____
estudiante _____
estudiar _____
estudio _____
estupendo /-a _____
euro _____
excursión _____
existir _____
exterior _____
extrovertido /-a _____

F

fácil _____
familia _____
farmacia _____
favor _____
favorito /-a _____
febrero _____
felicidad _____
feo /-a _____
fiebre _____
fiesta _____
fin de semana _____
final _____
físicamente _____
flor _____
folleto _____

foto _____

francés /-esa _____

fría _____

funcionar _____

fútbol _____

futuro _____

G _____

gafas* _____

ganador -/a _____

galleta _____

gato /-a _____

garaje _____

generoso /-a _____

gente _____

gimnasia _____

gimnasio _____

glaciar _____

globo _____

goma de borrar _____

gordo /-a _____

gracias _____

gracioso /-a _____

grande _____

granjero /-a _____

grapadora* _____

gripe _____

grueso /-a _____

guapo /-a _____

guardar _____

guitarra _____

H _____

habitación _____

habitualmente _____

hablador _____

hablar _____

hacer _____

hacer deporte _____

hamburguesa _____

hasta luego _____

hasta mañana _____

hermano /-a _____

hijo /-a _____

historia _____

histórico /-a _____

hoja _____

hola _____

hora _____

horario _____

horno _____

hoy _____

huelga _____

huerto _____

hueso _____

I _____

importante _____

impresora _____

información _____

infusión _____

inquietud _____

inscribirse _____

inseguro /-a _____

instituto _____

instrucción _____

inteligente _____

interesarse _____

interior _____

isla _____

izquierda _____

J _____

jarabe _____

jardín _____

jirafa _____

joven _____

jueves _____

jugar* _____

jugar al baloncesto _____

julio _____

junio _____

L _____

laberinto _____

labio _____

laboratorio _____

lágrima _____

lámpara _____

lápiz _____

largo /-a _____

lavabo _____

lavadora _____

lavavajillas _____

lejos _____

letra _____

librería _____

libro _____

limpiar _____

liso /-a* _____

llamarse _____

llave _____

llenar _____

lleno /-a _____

llevar _____

llorar _____

localizar _____

luego _____

lugar _____

luminoso /-a _____

luna _____

lunar _____

lunes _____

luz _____

M ———————————

maceta _____

madre _____

mago -/a _____

mamá _____

mano _____

mañana _____

mar _____

marrón _____

martes _____

marzo _____

mate _____

matemáticas _____

matricularse _____

mayo _____

mayor _____

mediodía _____

mensaje _____

mes _____

mesa _____

meter _____

metro* _____

mi _____

microondas _____

microscopio _____

miércoles _____

mirada _____

mochila _____

mojado /-a _____

monopatín _____

montaña _____

montar _____

moreno /-a _____

muchacho /-a _____

mueble _____

mujer _____

música _____

muy _____

N ———————————

nadar _____

nariz _____

navegar _____

navegar por Internet _____

Navidad _____

necesitar _____

negro /-a _____

nevado -/a _____

nevera* _____

nieto /-a _____

noche _____

nombre _____

norte _____

nosotros /-as _____

noticia _____

novela _____

noviembre _____

nuera _____

nuestro /-a _____

nuevo _____

O _____

objeto _____

obra _____

octubre _____

oír _____

ojo _____

ola _____

olvidar _____

ordenado /-a _____

ordenador* _____

ordenar _____

oreja _____

orgulloso /-a _____

oscuro /-a _____

ostra _____

P _____

padre _____

padres _____

país _____

palabra _____

panadería _____

papá _____

papel _____

papelera _____

papelería _____

parque _____

parte _____

partido _____

pasear _____

paseo _____

pasillo _____

patinar _____

patio _____

paz _____

pedir _____

película _____

pelo* _____

peluquería _____

pena* _____

pequeño /-a* _____

perder _____

perro /-a _____

persona _____

pie _____

piel _____

pierna _____

piscina* _____

piso _____

pizarra* _____

pizza _____

plan _____

planeta _____

planta _____

playa _____

plaza _____

poco /-a _____

poder _____

poner _____

por _____

precio _____

precioso /-a _____

preparar _____

presentarse _____

prestar _____

primo /-a _____

procedencia _____

profesor /-a _____

puerta _____

pupitre _____

Q _____

qué _____

quedar _____

química _____

quiosco _____

quitar _____

R _____

ratón _____

realizar _____

recargar _____

Vocabulario práctico

recibidor _____

recibir _____

recoger _____

recuerdo _____

recuperarse _____

refresco _____

regalo _____

reloj _____

repetir _____

reservado /-a _____

residencia _____

resistir _____

resto _____

revista _____

río _____

rizado _____

romántico /-a _____

ropa _____

ropero _____

rubio /-a* _____

ruidoso /-a _____

S

sábado _____

saber _____

sacapuntas _____

sacar _____

sala de estar _____

sala de ordenadores _____

sala de profesores _____

salir _____

secadora _____

seco /-a _____

secretaría _____

seguir _____

sello _____

sencillo /-a _____

sentarse _____

sentir _____

señora _____

septiembre _____

ser _____

servicio* _____

servilleta _____

siesta _____

silencioso /-a _____

silla _____

sillón _____

simpático /-a _____

sin _____

sitio _____

sociable _____

sofá _____

sol _____

solo /-a _____

soltero /-a _____

sonrisa _____

su _____

subir _____

suegro /-a _____

suerte _____

sufrir _____

supermercado _____

suspender* _____

T

tarde _____

tarjeta _____

tatuaje _____

taxi _____

teatro _____

tecla _____

tejer _____

tela _____

teléfono móvil* _____

televisión _____

tener _____

terminar _____

terraza _____

tienda _____

tienda de alimentación* _____

tienda de electrónica _____

tienda de informática _____

tienda de ropa _____

tierra _____

tímido /-a _____

tío /-a _____

tipo _____

toallas _____

tocar _____

todo /-a _____

tomar* _____

trabajador /-a _____

tranquilo /-a _____

tren _____

triste _____

tu _____

tú _____

turístico /-a _____

U

ubicar _____

usar _____

usted /-es _____

utilizar _____

V

vacaciones _____

vago /-a _____

vanidoso /-a _____

veneno _____

ventana _____

verdad _____

verde _____

vestuario _____

viaje _____

vida _____

vídeo _____

viejo /-a _____

viernes _____

visitar _____

vivir _____

vosotros /-as _____

voz _____

vuestro /-a _____

Y

yerno _____

yo _____

yogur _____

Z

zanahoria _____

zapatería _____

zapatilla _____

zumo _____

(el) altavoz	⇨	(el) parlante (Arg., Chi., Col. y Cub.)
(el) apartamento	⇨	(el) departamento (Arg., Chi. y Méx.)
(el) armario	⇨	(el) closet o (el) ropero (Méx.)
(el) autobús	⇨	(el) colectivo, (el) ómnibus (Arg.), (la) guagua (Cub.),
	⇨	(el) camión (Méx.)
(el) autocar	⇨	(el) autobús (Méx.)
(el) bolígrafo	⇨	(la) birome (Arg.), (la) pluma (Méx.), (el) lapicero (Col.)
bonito	⇨	lindo (Méx.)

AVISO

Los días **10** y **11** de diciembre los colectivos de la línea **A** no funcionan.

Disculpen las molestias.

(la) carpeta	⇨	(el) fólder (Méx.)
(el) coche	⇨	(el) carro (Ven., Col., P. Rico, Méx. y Cub.), (el) auto (Arg. y Chi.)
(el) comedor	⇨	(el) living (Arg.)
comprobar	⇨	chequear (Arg., Ven., P. Rico y Méx.)
dialogar	⇨	platicar (Méx.)
encender	⇨	prender (Arg. y Col.)
enfadado	⇨	enojado (Méx.), bravo (Arg.)
entrar	⇨	ingresar (Chi. y Méx.)

Raquel:

El living está muy desordenado. Por favor, tenés que poner todo en su lugar.

Mamá

(las) gafas	⇨	(los) lentes (Méx., Col. y Ven.), (los) lentejuelos (Cub.), (los) anteojos (Arg.)
(la) grapadora	⇨	(la) abrochadora (Arg.), (la) cosedora (Col.), (la) engrapadora (Méx.)
jugar	⇨	practicar (Méx.)
liso	⇨	lacio (Méx.)
(el) metro	⇨	(el) subte (Arg.)
(la) nevera	⇨	(la) heladera (Arg.), (el) refrigerador (Méx.)
(el) ordenador	⇨	(la) computadora (Arg., Chi., Ven., Col., Cub., P. Rico y Méx.)
(el) pelo	⇨	(el) cabello (Méx.)

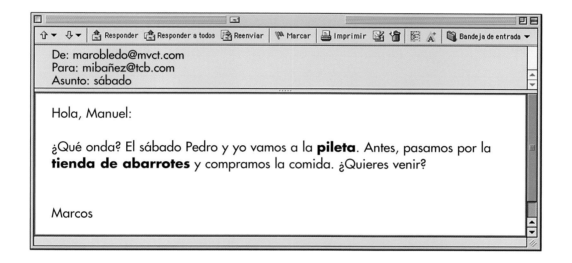

⇧ ▾ ⇩ ▾ | 🖹 Responder 🖹 Responder a todos 🖹 Reenviar | 🏴 Marcar | 🖨 Imprimir ✉ 🗑 ▦ A⁺ | 📄 Bandeja de entrada ▾

De: marobledo@mvct.com
Para: mibañez@tcb.com
Asunto: sábado

Hola, Manuel:

¿Qué onda? El sábado Pedro y yo vamos a la **pileta**. Antes, pasamos por la **tienda de abarrotes** y compramos la comida. ¿Quieres venir?

Marcos

(la) pena	⇨	(el) mal (Arg.),(la) vergüenza (Méx.)
pequeño	⇨	chico (Arg. y Chi.)
(la) piscina	⇨	(la) pileta (Arg.), (la) alberca (Méx.)
(la) pizarra	⇨	(el) pizarrón (Méx.)
rubio	⇨	güero (Méx.)
(el) servicio	⇨	(el) baño (Col. y Méx.)
(el) teléfono móvil	⇨	(el) celular (Arg., Méx., Col. y Ven.)
(la) tienda de alimentación	⇨	(el) almacén (Arg.), (la) tienda de abarrotes (Méx.)
tomar	⇨	agarrar (Arg., Chi., Ven., Col., Cub., P. Rico y Méx.)

Palabras	Iguales/Sinónimos	Opuestas/Antónimos
abrir		cerrar
alegre	contento	triste
alegría		pena*
alto		bajo
arriba		abajo
bonito*		feo
dejar	prestar	
delante		detrás
empezar	comenzar	terminar
encender*		apagar
encima		debajo
entrar*		salir
fácil	sencillo	difícil
gordo	grueso	delgado
guapo		feo
hablador	charlatán	callado
hablar	dialogar*	callar
interior		exterior
joven		viejo
lavabo	servicio*	
lejos		cerca
localizar	ubicar	
mamá	madre	
matricularse	inscribirse	
meter		sacar
ordenar		desordenar
papá	padre	
pequeño*		grande
poner		quitar
realizar	hacer	
rizado		liso*
rubio*		moreno
seco		mojado
subir		bajar
usar	utilizar	

Las palabras que tienen asterisco (*) debes buscarlas en el apéndice *En Hispanoamérica se dice...*, página 132, porque tienen una variante en otros países en los que se habla español.

Transcripciones de los audios

Lección 1

En ruta

FRANCISCO: Hola, Alejandro.

ALEJANDRO: Hola, Francisco. ¿Qué tal?

ISABEL: Hola, Teresa.

TERESA: ¿Cómo estás, Isabel?

FRANCISCO: Te presento a José. Él toca la flauta.

MANUEL: Ésta es Raquel. Ella toca la guitarra.

ALEJANDRO: ¿Qué tal, Raquel?

RAQUEL: Muy bien.

ISABEL: ¿De dónde eres?

RAQUEL: Soy de Argentina, de Buenos Aires.

ALEJANDRO: ¿Y tú, José?

JOSÉ: Yo soy de Colombia, de Bogotá.

ISABEL: ¿Cuántos años tienes?

RAQUEL: Tengo catorce años.

ALEJANDRO: Muy bien, muchachos. Nos vemos mañana.

JOSÉ: Adiós.

RAQUEL: Hasta mañana.

4a

a be ce de e efe ge hache i jota ka ele eme ene eñe o pe cu erre ese te u uve uve doble equis i griega zeta

4c

1. 🗣 ¿Cómo se escribe *García*, con *ce* o con *ese*?
   🗣 Con *ce*.
2. 🗣 ¿Cómo se escribe *Calvo*, con *be* o con *uve*?
   🗣 Con *uve*.
3. 🗣 ¿Cómo se escribe *Tejedor*, con *ge* o con *jota*?
   🗣 Con *jota*.
4. 🗣 ¿Cómo se escribe *Sánchez*, con *ce* o con *zeta*?
   🗣 Con *zeta*.

6a

cuatro uno tres dos siete ocho seis cinco once nueve doce diez

10b

1. **ALEJANDRO:** ¿Cómo te llamas?
   RAQUEL: Me llamo Raquel.
2. **MANUEL:** ¿Cuántos años tienes?
   TERESA: Catorce.

3. **ISABEL:** ¿De dónde eres?
   JOSÉ: De Colombia.
4. **ISABEL:** ¿De dónde eres?
   RAQUEL: Soy de Buenos Aires.

11a

FRANCISCO: Isabel, ¿cuál es tu dirección de correo electrónico?

ISABEL: isacar, arroba, ya, punto, es: i, ese, a, ce, a, erre, arroba, ya, punto, es.

ISABEL: Francisco, ¿cuál es tu dirección de correo electrónico?

FRANCISCO: franme, arroba, hotmail, punto, com: efe, erre, a, ene, eme, e, arroba, hotmail, punto, com.

Lección 2

En ruta

JOSÉ: Alejandro es tu hermano, ¿verdad, Isabel?

ISABEL: Sí, somos hermanos.

MANUEL: ¿Dónde está Alejandro?

ISABEL: Está en casa de nuestra madre.

JOSÉ: ¿De vuestra madre?

ISABEL: Sí. Mis padres están divorciados.

MANUEL: ¿Tienes una foto de tu madre?

ISABEL: Sí, aquí está. Ésta es mi madre.

JOSÉ: ¿Cómo se llama?

ISABEL: Eva.

JOSÉ: ¡Qué bonita!

ISABEL: ¿Y tú, José, tienes hermanos?

JOSÉ: Sí, tengo dos. Se llaman Carlos y Julia. Julia toca la guitarra en un grupo de jazz.

MANUEL: Pues yo no tengo hermanos.

JOSÉ: Ah, ¿no?

MANUEL: No. Pero tengo cinco primos y los cinco son músicos.

3a

ISABEL: Mi madre es alta y rubia. Tiene el pelo largo y los ojos azules.

JOSÉ: Ah, ¿sí? Pues mi mamá es bajita y morena. Tiene los ojos negros. ¿Y tu papá? ¿Cómo es?

ISABEL: Mi padre es alto y lleva barba. Tiene los ojos verdes. ¿Y tu padre?

JOSÉ: Mi papá lleva bigote y gafas. Tiene el pelo rizado y los ojos marrones.

9b

RAQUEL: Mira esta foto de mi familia. Mi padre lleva bigote.

FRANCISCO: ¿Y tú qué llevas?

RAQUEL: Llevo unas gafas marrones.

FRANCISCO: ¡Ah! Mira la foto de mi familia.

RAQUEL: ¡Qué bonita! ¿Qué lleváis vosotros en esta foto?

FRANCISCO: Mis hermanos y yo llevamos gafas de sol.

RAQUEL: ¿Todos tus tíos llevan bigote?

FRANCISCO: Sí, todos.

Lección 3

En ruta

ALEJANDRO: ¿A qué hora empieza la clase de química?

JOSÉ: A las diez de la mañana.

ISABEL: ¿A qué hora termina la clase de física?

JOSÉ: A las once de la mañana.

FRANCISCO: ¿Dónde está el laboratorio?

JOSÉ: Subes por las escaleras y es la segunda puerta de la izquierda.

ISABEL: Alejandro, ¿me prestas el diccionario?

ALEJANDRO: No, lo siento. El diccionario está en casa.

MANUEL: No tengo la libreta. ¿Tienes una hoja de papel?

FRANCISCO: Sí, claro.

RAQUEL: ¿Qué días tenéis clase de música?

TERESA: Los martes por la mañana y los jueves por la tarde. ¿Y tú, Isabel?

ISABEL: Los miércoles por la mañana y los viernes por la mañana.

RAQUEL: Bien. Podemos escuchar música juntas el viernes por la tarde.

3a

MANUEL: Yo tengo clase de matemáticas los martes por la mañana y los jueves por la tarde.

FRANCISCO: Pues los martes por la mañana y los

jueves por la tarde yo tengo informática.

MANUEL: ¿Cuándo tienes matemáticas?

FRANCISCO: Todos los miércoles y los viernes por la mañana.

4a

1

ALEJANDRO: ¿Tienes un lápiz, por favor?

MANUEL: Si, toma.

2

RAQUEL: ¿Me prestas el teléfono?

ISABEL: No, lo siento.

3

JOSÉ: ¿Me prestas el libro, por favor?

TERESA: Sí, claro.

8

1. Los lunes vamos a esa sala de ordenadores.
2. Estos diccionarios son de Raquel.
3. Los miércoles usamos esos ordenadores.
4. Este lápiz es muy grande.
5. Aquellas servilletas son del comedor.
6. Los jueves Alejandro trae aquel cuaderno a clase.

12

1

🔊 ¿A qué hora abren el comedor?

🔊 A la una del mediodía.

🔊 ¿Y a qué hora cierran?

🔊 A las tres de tarde.

2

🔊 ¿A qué hora empieza la conferencia?

🔊 A las siete de la tarde.

🔊 ¿Y a qué hora termina?

🔊 A las nueve de la noche.

3

🔊 ¿A qué hora abre la sala de música?

🔊 La sala de música abre de once de la mañana a dos de la tarde.

13

RAQUEL: Hola, Alejandro.

ALEJANDRO: Hola, Raquel. ¿Qué tal?

RAQUEL: Bien, gracias. Te llamo para decirte que no hay clase.

ALEJANDRO: ¿Cómo? ¿No hay clase?

RAQUEL: No, no hay.

ALEJANDRO: ¿Y qué pasa?

RAQUEL: El instituto está de obras.

ALEJANDRO: ¿Y cómo lo sabes?

RAQUEL: Es que estoy en el instituto.

ALEJANDRO: ¿Sí?

RAQUEL: Sí. ¿Necesitas algún libro?

ALEJANDRO: No, todos mis libros están en casa.

RAQUEL: ¿Qué clases tienes hoy?

ALEJANDRO: Matemáticas y lenguaje. ¿Tú?

RAQUEL: Yo química e informática. Después tengo libre.

ALEJANDRO: ¿Y el comedor está cerrado?

RAQUEL: Sí. Tengo que ir a casa a comer.

ALEJANDRO: ¿La sala de los ordenadores está abierta?

RAQUEL: Sí.

ALEJANDRO: Pues esta tarde voy al instituto.

RAQUEL: Quedamos a las cinco.

ALEJANDRO: Donde siempre, ¿no?

RAQUEL: Sí. Hasta luego.

ALEJANDRO: Adiós.

Lección 4

En ruta

RAQUEL: ¿Dónde vives, Teresa?

TERESA: En la calle San Jorge. ¿Y tú, Raquel?

RAQUEL: En la avenida Central. Tú, Isabel, ¿dónde vives?

ISABEL: En la plaza María Luisa.

ALEJANDRO: ¿Cómo es tu casa, Manuel?

MANUEL: Es muy grande. Tiene cuatro habitaciones y dos cuartos de baño.

TERESA: ¿Tiene terraza?

MANUEL: Sí, y también hay un balcón.

ALEJANDRO: Y, ¿cómo es tu habitación, Manuel?

MANUEL: Bastante grande. En la habitación hay una cama, un ropero, un escritorio y una silla.

TERESA: ¿En tu habitación hay una ventana?

MANUEL: Sí, hay una ventana al lado del ropero.

ISABEL: ¿Y dónde está el escritorio?

MANUEL: A la izquierda del ropero.

3

1

🗨 ¿Dónde vives?

🗨 En la calle Tola. Y ¿tú?

🗨 Yo en el paseo Calmo.

2

🗨 ¿Dónde vive Mara?

🗨 Mara vive en la avenida Orlan.

🗨 ¿Y Pablo?, ¿dónde vive?

🗨 Pablo vive en la calle Disca, al lado del parque Bolal.

3

🗨 ¿Dónde viven Pedro y Óscar?

🗨 Pedro y Óscar viven en la plaza Lipa.

4a

Mi habitación es muy grande. A la izquierda de la puerta hay un armario. Dentro del armario está la ropa. Delante del armario está la cama. Encima de la cama, hay dos cojines. Las zapatillas están debajo de la cama. El escritorio está debajo de la ventana. Al lado del escritorio, a la derecha, hay una papelera.

9d

ALEJANDRO: ¿Dónde está la televisión?

TERESA: La televisión está en el armario.

ALEJANDRO: Y el armario, ¿dónde está?

TERESA: Está al lado del sofá.

ALEJANDRO: ¿Y el sofá?

TERESA: A la izquierda del sillón.

ALEJANDRO: ¿Y delante del sillón qué hay?

TERESA: Hay una mesa.

13b

JOSÉ: Hola, Francisco. ¿Qué tal?

FRANCISCO: Muy bien, ¿y tú?

JOSÉ: Estoy muy contento. Tenemos casa nueva y es muy bonita.

FRANCISCO: ¿Sí? ¿Y cómo es?

JOSÉ: Es muy grande y bastante luminosa. Tiene tres habitaciones y un cuarto de baño. El cuarto de baño es un poco pequeño. El comedor es grande. Hay unos sofás, una mesa y unas sillas. Los sofás son muy cómodos. La mesa es demasiado grande, sobra mucho espacio. A la izquierda de la mesa, hay un armario.

FRANCISCO: ¡Qué bien! ¿Y dónde está tu nueva casa?

JOSÉ: Está en la avenida Lámpez. Está muy cerca de la empresa donde trabajan mis padres. Es una empresa muy grande y tiene muchas ventanas.

FRANCISCO: ¿Y cómo es tu habitación?

JOSÉ: Mi habitación es un poco pequeña. Hay un armario a la derecha del escritorio. Dentro del armario está la ropa. Debajo del escritorio hay una papelera. Encima del escritorio está el ordenador. Mi habitación está bien, es bonita.

FRANCISCO: Bueno, José, nos vemos luego, ¿vale?

JOSÉ: Vale. Adiós.

FRANCISCO: Hasta Luego.

14

1 parque	4 avenida
2 plaza	5 paseo
3 calle	

Lección 5

1

TERESA: El viernes que viene terminan las clases.

JOSÉ: Sí, y empiezan las vacaciones de invierno.

ISABEL: ¿Adónde vais a ir?

MANUEL: Yo voy a ir a México con mis padres.

ISABEL: Ah, ¿sí? ¿Cuándo?

MANUEL: La semana que viene. Voy a ver a mi abuela.

FRANCISCO: ¿Cuántos años tiene?

MANUEL: Pues... sesenta y ocho.

FRANCISCO: ¿Cómo es México?

MANUEL: Es muy bonito. Mañana voy a comprar cosas para el viaje.

RAQUEL: Yo voy a ir a Argentina.

ISABEL: ¡Qué bien! ¿Cuándo te vas de viaje?

RAQUEL: El martes que viene.

ALEJANDRO: ¿Y tú qué vas a hacer en vacaciones?

FRANCISCO: Yo voy a esquiar.

ISABEL Y ALEJANDRO: Nosotros vamos a esquiar el año que viene.

ALEJANDRO: ¿Vamos a esquiar a Chile?

3

ALEJANDRO: Hola, ¿qué haces?

MANUEL: Preparo el viaje. Necesito comprar cosas.

ALEJANDRO: ¿Qué necesitas?

MANUEL: Necesito un reproductor de CD y una consola. ¿Dónde hay una buena tienda de electrónica?

ALEJANDRO: Es fácil. Vas al centro comercial y subes a la primera planta. Está a la derecha de la tienda de ropa.

MANUEL: Perfecto.

ALEJANDRO: Ah, entras en la agencia de viajes y pides folletos turísticos.

MANUEL: ¿Dónde está la agencia de viajes?

ALEJANDRO: Al lado del supermercado.

MANUEL: Muy bien.

ALEJANDRO: Por la tarde vemos los folletos en el garaje y miramos cuánto cuesta un viaje por Latinoamérica.

MANUEL: De acuerdo.

4

ALEJANDRO: ¿Cuánto cuesta la tarjeta de teléfono?

MANUEL: Treinta euros.

ALEJANDRO: ¡Qué cara! ¿Y cuánto cuesta la consola?

MANUEL: Noventa y cinco euros.

ALEJANDRO: Es barata.

MANUEL: ¿Y cuánto cuestan las revistas?

ALEJANDRO: Dos euros.

MANUEL: No son caras.

Lección 6

1

ALEJANDRO: ¿Cómo fueron las vacaciones? ¿Fuiste a México?

MANUEL: Sí, fueron estupendas. Estuve en muchos sitios.

RAQUEL: Yo estuve en Argentina.

MANUEL: ¿Viajaste por el país?

RAQUEL: Sí, viajé mucho.

ALEJANDRO: ¡Qué bien!

RAQUEL: Aquí tengo las fotos. Toma.

ALEJANDRO: Gracias.

ALEJANDRO: ¡Qué bonito!

TERESA: ¿Y tú, Francisco, que hiciste?

FRANCISCO: Yo estuve en la montaña. Esquié, monté a caballo y paseé.

ALEJANDRO: ¿Por qué no escribiste?

FRANCISCO: Lo siento. Me olvidé.

ALEJANDRO: ¿Y tú, José?

JOSÉ: Yo estuve en casa. Escuché música y estudié. También busqué en Internet lugares para visitar en América Central.

4b

ALEJANDRO: ¿Qué aficiones tenéis?

JOSÉ: Yo escucho música y toco la guitarra.

ALEJANDRO: Yo hago deporte. Por las tardes juego al baloncesto.

RAQUEL: Yo por la noche navego por Internet. También hablo con amigos en un chat.

ALEJANDRO: ¿Y tú qué haces en tu tiempo libre?

TERESA: Yo por la tarde veo la tele.

ISABEL: Los fines de semana bailo. También envío mensajes con el teléfono móvil. ¿Y cuáles son tus aficiones?

MANUEL: Yo colecciono sellos. Tengo una colección muy grande.

FRANCISCO: Yo juego con la consola. Leo novelas de ciencia ficción. También leo cómics.

5a

1 **RAQUEL:** ¿Jugaste al fútbol?
   JOSÉ: Sí.
   RAQUEL: ¿Cómo terminó el partido?
   JOSÉ: Ganamos.

2 **MANUEL:** ¿Fuiste el domingo al concierto?
   ALEJANDRO: Sí. Fue muy bueno.

3 **TERESA:** ¿Adónde fuiste?
   RAQUEL: A una tienda de ropa. Pero no compré nada.

4 **TERESA:** Fui al cine. Vi una película muy buena.
   MANUEL: Yo escuché música en casa.

5 **ISABEL:** Fui a una fiesta por la tarde. Bailé mucho.
   FRANCISCO: Yo leí una revista.

6 **ALEJANDRO:** El sábado por la mañana hice deporte. Nadé una hora. ¿Y tú?
   MANUEL: Yo hablé con unos amigos.

7b

ISABEL: ¿Cómo es Manuel?

FRANCISCO: ¿De carácter? Es un poco tímido.

ISABEL: Yo creo que Manuel es un poco egoísta.

FRANCISCO: Sí, pero también es muy simpático. ¿Y José? ¿Cómo es?

ISABEL: Es muy generoso.

FRANCISCO: También es antipático.

ISABEL: Sí, es verdad. ¿Y Teresa?

FRANCISCO: Es muy romántica.

ISABEL: Y también tímida, ¿verdad?

FRANCISCO: Sí, un poco.

Soluciones

Soluciones

Lección 1

1a Hola   ¿Qué tal?   ¿Cómo estás?

1b
Nos vemos mañana   ⇨   Alejandro
Adiós   ⇨   Raquel
Hasta mañana   ⇨   José

1c 1-b   2-a

2
1 buenos	4 llamas	7 Cómo
2 cómo	5 eres	
3 mañana	6 tienes	

3
1 Es de España.	3 Es de España.
2 Tiene 14 años.	4 Tiene 16 años.

4c
1 🗨 ¿Cómo se escribe *García*, con *ce* o con *ese*?
🗨 Con *ce*.
2 🗨 ¿Cómo se escribe *Calvo*, con *be* o con *uve*?
🗨 Con *uve*.
3 🗨 ¿Cómo se escribe *Tejedor*, con *ge* o con *jota*?
🗨 Con *jota*.
4 🗨 ¿Cómo se escribe *Sánchez*, con *ce* o con *zeta*?
🗨 Con *zeta*.

5a María.

5c ella

5d **singular:** yo, tú, usted, él, ella
plural: nosotros, vosotros, ustedes, ellos, ellas

6a
4 cuatro	6 seis
1 uno	5 cinco
3 tres	11 once
2 dos	9 nueve
7 siete	12 doce
8 ocho	10 diez

6b
15 quince	19 diecinueve
14 catorce	16 dieciséis
17 diecisiete	20 veinte
18 dieciocho	13 trece

8b **Ciudades:** Asunción, Bogotá, Santiago, Chile, Caracas, Montevideo, La Habana, Madrid, Quito
Países: Paraguay, Ecuador, Colombia, Venezuela, Uruguay, Cuba, España

9b 1 Dieciséis años.   2 En Madrid. España.
3 bsblidia@hotmail.com

10a 1 ¿Cómo te llamas?   3 ¿De dónde eres?
2 ¿Cuántos años tienes?   4 ¿De dónde eres?

11a 🗨 isacar@ya.es: i, ese, a, ce, a, erre, arroba, ya, punto, es.
🗨 franme@hotmail.com: efe, erre, a, ene, eme, e, arroba, hotmail, punto, com.

12a Hola   Soy   Alejandro   ¿Cómo estás?

12b
22, 88, 33, 66, 666, 7777: buenos
3, 444, 2, 7777: días
¿3, 666, 66, 3, 33: ¿dónde
33, 7777, 8, 2, 7777?: estás?

Aduana
1-b	3-c	5-b	7-b	9-c	11-b	13-a
2-a	4-a	6-c	8-c	10-b	12-a	14-b

Lección 2

1a
1 hermanos	3 Dos	5 No
2 divorciados	4 Carlos y Julia	

1c
el	la	los	las
primo	prima	primos	primas
abuelo	abuela	abuelos	abuelas

1e
1 hermana	4 abuela
2 tío	5 primo
3 padre	6 prima

2b 1 Negros. 2 No, tiene los ojos verdes. 3 Sí. 4 No, tiene el pelo corto. 5 Sí.

3a
1 La madre de Isabel.	5 El padre de José.
2 La madre de Isabel.	6 El padre de José.
3 La madre de José.	7 El padre de José.
4 El padre de Isabel.	

3b Madre de Isabel: Es... **alta** / Pelo **rubia, largo** / Ojos **azules**
Madre de José: Es... **bajita** / Pelo **morena** / Ojos **negros**
Padre de Isabel: Es... **alto** / Lleva **barba** / Ojos **verdes**

Padre de José: Lleva **bigote y gafas** / Pelo **rizado** / Ojos **marrones**

4c

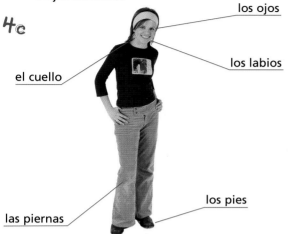

los ojos

los labios

el cuello

las piernas

los pies

5a yo: mis alegrías, mis males, mi vida
tú: tus lunares, tus pies, tu nombre, tu piel

5b yo (singular): mi vida - yo (plural): mis alegrías, mis males
tú (singular): tu nombre, tu piel - tú (plural): tus lunares, tus pies

5c
1 Nuestros	**3** nuestras
2 Nuestro	**4** Nuestra

5d
1 Vuestros	**3** vuestras
2 Vuestro	**4** Vuestra

6b Iglesias Sánchez

8a los labios, la barba, el pelo, las piernas, los ojos, los pies, los pelos, el cuello, las gafas, los brazos, las orejas, los padres, la foto, la familia, las chicas

8c el pelo largo, la pierna larga, los ojos negros, las chicas delgadas, el chico delgado, los chicos morenos, la chica morena, el hermano rubio, la hermana alta

8e la familia grande, los ojos azules, el pelo azul, los pies grandes, el ojo azul, las gafas marrones, el pelo marrón, el ojo grande, el ojo marrón

9a
1 lleva	**3** Llevo	**5** llevamos
2 llevas	**4** lleváis	**6** llevan

Aduana

1-b	**3**-b	**5**-a	**7**-a	**9**-b	**11**-a	**13**-c
2-c	**4**-b	**6**-a	**8**-c	**10**-c	**12**-b	**14**-c

Tu revista

1 **a** 30 millones de personas hablan español en Estados Unidos.
b En los estados de California, Florida y Texas.
c En Francia.

2 Ignacio: Nacho
Francisco: Paco
Manuel: Manolo
José: Pepe

3 Se dice...

5 **a** El amor platónico de Eva Uribe.
b El amor platónico de Claudia Mendoza.
c El amor platónico de Mario González.

6 El pelo   La mano   Los ojos   Los labios

Lección 3

1a **1**-b   **2**-a
¿Me prestas el diccionario? ⇨ Isabel
¿Tienes una hoja de papel? ⇨ Manuel
Sí, claro. ⇨ Francisco
No, lo siento. ⇨ Alejandro

1b **1** A qué   **2** A las diez   **3** hora   **4** de la mañana

1c Verdaderas (V): **1 y 2**

2b Foto de Raquel: Texto n.º 1
Foto de José: Texto n.º 2

2c **1** Raquel es de Argentina. / Raquel es argentina.
2 Los lunes por la mañana.
3 Los viernes.
4 José es de Colombia. / José es colombiano.
5 Los martes por la tarde y los jueves por la mañana.
6 Los fines de semana.

Soluciones

3a
1 mañana   4 jueves   7 por
2 tarde   5 matemáticas
3 martes   6 Todos

4a
1: Un lápiz - Sí, toma.
2: El teléfono - No, lo siento.
3: El libro - Sí, claro.

4b
a lápiz   b goma de borrar   c diccionario
d bolígrafo   e cuaderno   f sacapuntas

4c
¿Me prestas / Tienes una hoja de papel?
¿Me prestas / Tienes una calculadora?
¿Me prestas / Tienes un reloj?
¿Me prestas / Tienes una goma de borrar?
¿Me prestas / Tienes un libro de matemáticas?

5
1 tú   2 el   3 un   4 ella   5 yo

6a
formas verbales.

6b
Verbos acabados en -ar: llenar, bailar
Verbos acabados en -er: comer, beber
Verbos acabados en -ir: resistir, existir

6c
Yo bailo
Tú bailas
Él, ella, usted baila
Nosotros, nosotras bailamos
Vosotros, vosotras bailáis
Ellos, ellas, ustedes bailan

6d
1 -o   2 -as   3 -a   4 -amos   5 -áis   6 -an

7a
lunes cielo corazón **martes** tierra **miércoles**
luz **jueves** alma **viernes** **sábado** **domingo**

7b
Están en la canción: cielo, corazón, tierra, luz, alma
No están en la canción: lunes, martes, miércoles,
jueves, viernes, sábado, domingo

8
1 esa   3 esos   5 Aquellas
2 Estos   4 Este   6 aquel

9
1-c   2-b   3-a   4-e   5-d

10a
Para ir al gimnasio, sigues recto y la quinta
puerta de la derecha.
Para ir al comedor, sigues recto y la cuarta
puerta de la izquierda.

11a
Yo **como**
Tú **comes**
Él, ella, usted **come**
Nosotros, nosotras **comemos**
Vosotros, vosotras **coméis**
Ellos, ellas, ustedes **comen**

11b
Yo **vivo**
Tú vives
Él, ella, usted **vive**
Nosotros, nosotras vivimos
Vosotros, vosotras **vivís**
Ellos, ellas, ustedes viven

11c
1 llama   3 baila   5 canta
2 como   4 salen

12
1: comedor - una - hora
2: conferencia - siete - qué
3: sala - de - a

13
Verdaderas (V): **1, 2, 5 y 6**
Falsas (F): **3 y 4**

14
1 días   4 Regresa   7 tareas
2 instituto   5 mochila   8 fines
3 clases   6 televisión

15b
Este estuche: B   **Esta** mochila: A
Ese estuche: E   **Esa** mochila: C
Aquel estuche: D   **Aquella** mochila: F

16
1 la   2 de   3 Al   4 por   5 por   6 al

Aduana
1-a   3-b   5-a   7-b   9-a   11-a   13-a
2-b   4-a   6-c   8-c   10-c   12-c   14-c

Lección 4

1a
1-c   2-b   3-a

1b
1 muy grande.   4 una terraza.
2 cuatro habitaciones.   5 un balcón.
3 dos cuartos de baño.

1c Hay: una cama, una silla, un armario, una ventana, un escritorio
No hay: un sofá, una nevera, un ordenador, una impresora

2b 1 La casa de Teresa es grande.
2 Tiene tres habitaciones.
3 Hay dos cuartos de baño.
4 La lavadora está en la cocina.
5 En la habitación de Teresa.

5 Cocina: horno, lavavajillas, nevera, cocina lavadora
Comedor: televisión, sofá, sillón

3 1: Dónde - calle - paseo
2: vive - en - dónde - parque
3: viven - plaza

4a

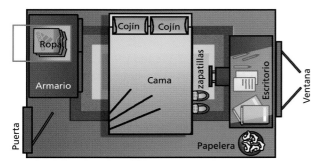

4b 1 izquierda
2 Dentro del
3 Encima de
4 debajo de la
5 debajo
6 lado - la derecha

5a Verdaderas (V): **2**
Falsas (F): **1, 3 y 4**

5b 1 Un   3 calles   5 casa
2 chica   4 ventana

6a Está: jardín, ventana, calles, habitación, casa
No está: lavadora, alfombra, paseo, lámpara

6b 1 casa   3 flores   5 lámpara
2 jardín   4 lavadora   6 alfombra

6c Lugares: cama, lavabo, dormitorio
Partes de la casa: mueble
Objetos de la casa: comedor

7a En Miami.

7b 1-d   2-c   3-e   4-a   5-b

8a una ventana   una chica   unas flores
un jardín   una luz   una mañana
unas calles   una habitación   una noche

8b Un: jardín
Una: ventana, chica, luz, mañana, habitación, noche
Unos: ——
Unas: flores, calles

9a Sí. «Luego por la noche **al** Penta a escuchar canciones que consiguen que te pueda amar».

9b 1 muy   2 demasiado   3 oscuro
4 luminoso   5 poco

9c **En la cocina hay:** un armario, dos televisiones, muchas sillas.
En la cocina está: la lavadora, el horno, la nevera.

9d 1 en   2 al lado   3 A la izquierda   4 delante

10 1 sillón   3 silla   5 sofá
2 cama   4 mesa   6 ordenador

11 1 hay   3 hay   5 hay   7 están
2 está   4 hay   6 está

12 1 Un   3 Unos   5 Un   7 Una
2 Una   4 Unos   6 Unas

13a 1 Francisco - calle   3 calle
2 José - avenida   4 Manuel - paseo
5 Isabel - Alejandro - plaza

13b 1 muy   3 poco   5 demasiado
2 bastante   4 muy   6 poco

14 1 parque   3 calle   5 paseo
2 plaza   4 avenida

15 1 Debajo **del** sillón hay un lápiz.
2 **Al** lado de la mesa están las sillas.
3 Detrás **del** armario hay un papel.
4 Encima **del** ordenador está la libreta
5 Debajo **del** escritorio está la papelera.
6 **Al** lado de la televisión hay unas llaves.

Soluciones

Aduana

1-a	**3**-c	**5**-b	**7**-b	**9**-a	**11**-b	**13**-a
2-b	**4**-a	**6**-a	**8**-b	**10**-c	**12**-c	**14**-b

Tu revista

1 Necesitas dos fotografías.

2 En cines, museos, discotecas, exposiciones, restaurantes y bares.

3 La Pirámide del Sol está en México.

5 Se llama hispanohablante.

7 El cuarto de baño o lavabo, el jardín, el garaje, el comedor, el pasillo, la terraza y el balcón.

8

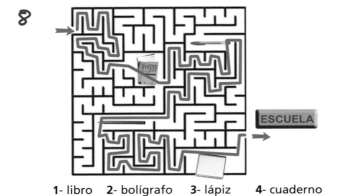

1- libro   **2**- bolígrafo   **3**- lápiz   **4**- cuaderno

Lección 5

1a **1** El viernes que viene. **2** La semana que viene. **3** Mañana. **4** El martes que viene. **5** El año que viene.

1b **1** Mañana **2** La semana que viene **3** El martes que viene **4** El viernes que viene **5** El año que viene

1c **1** Voy **2** vas **3** vamos **4** vais

1d **1** va **2** van

2b tienda de electrónica: tarjeta de teléfono, consola y reproductor de CD; supermercado: galletas; agencia de viajes: billete de avión; quiosco: revista; farmacia: aspirinas; tienda de ropa: pantalones.

2c **1** revista **2** refresco **3** consola **4** reproductor de CD **5** CD de música **6** tarjeta de teléfono

3a **1** Vas al centro comercial. **2** Subes a la primera planta. **3** Entras en la agencia de viajes. **4** Pides folletos turísticos. **5** Vemos los folletos en el garaje. **6** Miramos cuánto cuesta un viaje.

3b **1** En el centro comercial, en la primera planta, a la derecha de la tienda de ropa. **2** Al lado del supermercado. **3** Por la tarde. **4** Por Latinoamérica.

4a
1 cuesta	**3** barata	**5** Dos
2 cinco	**4** cuestan	**6** caras

5a luna, sol, mar

5b
1 lugar histórico	**3** playa, olas
2 bosque, río	**4** montañas

5c **1** Qué pena.   **2** Tú estás lejos.

5d
1 Azul.	**3** Vienen y van.
2 En México.	**4** Ojos, boca, manos.

6b **1** Es muy grande y muy bonito. **2** Español. **3** Playas, montañas, desiertos y bosques. **4** Río Bravo, Pico de Orizaba. **5** Chichén Itzá. **6** Mucho.

7a
1 ir en avión	**4** ir en tren
2 ir en barco	**5** ir en autobús
3 ir en coche	

7c **1** a / en   **2** en / a   **3** al / en   **4** en / en

8
1 es	**3** está	**5** está
2 es	**4** son	**6** están

9a **1** enero **2** febrero **3** marzo **4** abril **5** mayo **6** junio **7** julio **8** agosto **9** septiembre **10** octubre **11** noviembre **12** diciembre

9b **1** Abril, junio, septiembre, noviembre. **2** Enero, marzo, mayo, julio, agosto, octubre, diciembre. **3** Febrero. **4** En Argentina, en diciembre, enero y febrero. En México, en junio, julio y agosto. **5** En Chile, en junio, julio y agosto. En España, en diciembre, enero y febrero.

11a 20 veinte; 60 sesenta; 30 treinta; 70 setenta; 40 cuarenta; 80 ochenta; 50 cincuenta; 90 noventa

11b 84 ochenta y cuatro; 37 treinta y siete; 21 veintiuno; 59 cincuenta y nueve; 72 setenta y dos; 66 sesenta y seis

11c
1 cuarenta y uno
2 sesenta y uno
3 cuarenta y seis
4 sesenta y seis
5 cuarenta y tres
6 veintisiete

Aduana

1-b	3-c	5-a	7-b	9-b	11-c	13-b
2-b	4-a	6-b	8-c	10-a	12-a	14-a

Lección 6

1a 1 fueron 2 fuiste 3 estuve 4 viajaste 5 viajé 6 hiciste 7 esquié 8 monté 9 paseé 10 escribiste 11 olvidé 12 escuché 13 estudié 14 busqué

1b
🗨 Aquí tengo las fotos. Toma.
🗨 Gracias.
🗨 ¿Por qué no escribiste?
🗨 Lo siento.

1d Francisco: esquiar, montar a caballo, pasear
José: escuchar música, estudiar, buscar en Internet

2a a 1 b 5 c 2 d 4 e 3

2b 1 Con su familia. 2 Oír y ver a las ballenas. 3 Visito el barrio de La Boca. 4 Va a ir al norte a ver las Cataratas de Iguazú.

2c
1 Fue 3 Hizo 5 Visitó 7 Escribió
2 Estuvo 4 Montó 6 Tomó

2d
1 Fui 3 Hice 5 Visité 7 Escribí
2 Estuve 4 Monté 6 Tomé

3c yo sentí, me quedé, perdí
tú cambiaste, besaste

3d besaste-besar; perdí-perder; me quedé-quedarse; sentí-sentir; cambiaste-cambiar; fue-ir

3e anoche

4a 1 Tocar la guitarra 2 Bailar 3 Escuchar música 4 Jugar con la consola 5 Navegar por Internet 6 Leer

4b 1 Escuchar música. 2 Tocar la guitarra. 3 Hacer deporte. 4 Jugar al baloncesto. 5 Navegar por Internet. 6 Hablar en un chat. 7 Ver la tele. 8 Bailar. 9 Enviar mensajes con el teléfono móvil. 10 Coleccionar sellos. 11 Jugar con la consola 12 Leer novelas / cómics

5a
1 Jugaste 4 Fui / Vi / escuché
2 Fuiste 5 Bailé / leí
3 Compré 6 hice / Nadé / hablé

6a 1 Gracias 2 Lo siento 3 Gracias 4 Lo siento

7a
1 antipático 3 tímido 5 generoso
2 simpático 4 romántico 6 egoísta

7b Manuel es tímido, un poco egoísta y muy simpático.
José es generoso y antipático.
Teresa es romántica y tímida.

Aduana

1-c	3-a	5-c	7-c	9-b	11-a	13-b
2-b	4-a	6-b	8-c	10-a	12-c	14-a

Tu revista

1 Albergue *Las dos Fridas:* restaurante, agencia de viajes, pequeño supermercado y quiosco.
Albergue *Sandanzas:* farmacia, tienda de ropa y librería.

4 Recital y espectáculo.

7

c		e	s	c	r	i	b	i	r
o									
r		h							
r		a		d	o	r	m	i	r
e		b							
r		l							
		a			j	u	g	a	r
		r							
				n	a	d	a	r	
a	n	d	a	r